Sala de aula invertida

UMA METODOLOGIA ATIVA DE APRENDIZAGEM

O GEN | Grupo Editorial Nacional – maior plataforma editorial brasileira no segmento científico, técnico e profissional – publica conteúdos nas áreas de ciências humanas, exatas, jurídicas, da saúde e sociais aplicadas, além de prover serviços direcionados à educação continuada e à preparação para concursos.

As editoras que integram o GEN, das mais respeitadas no mercado editorial, construíram catálogos inigualáveis, com obras decisivas para a formação acadêmica e o aperfeiçoamento de várias gerações de profissionais e estudantes, tendo se tornado sinônimo de qualidade e seriedade.

A missão do GEN e dos núcleos de conteúdo que o compõem é prover a melhor informação científica e distribuí-la de maneira flexível e conveniente, a preços justos, gerando benefícios e servindo a autores, docentes, livreiros, funcionários, colaboradores e acionistas.

Nosso comportamento ético incondicional e nossa responsabilidade social e ambiental são reforçados pela natureza educacional de nossa atividade e dão sustentabilidade ao crescimento contínuo e à rentabilidade do grupo.

Sala de aula invertida

UMA METODOLOGIA ATIVA DE APRENDIZAGEM

Jonathan Bergmann

Aaron Sams

Tradução e Revisão Técnica

Afonso Celso da Cunha Serra

Tradutor. Graduado em Direito pela Pontifícia Universidade Católica do Rio de Janeiro (PUC-Rio) e em Administração Pública pela Escola Brasileira de Administração Pública e de Empresas da Fundação Getúlio Vargas (FGV EBAPE). Especialista em Tradução Inglês-Português pela PUC-Rio. Professor da Pós-Graduação em Tradução Inglês-Português da PUC-Rio. Membro da Ordem dos Advogados do Brasil – Seção RJ (OABRJ).

2ª edição

- Os autores deste livro e a editora empenharam seus melhores esforços para assegurar que as informações e os procedimentos apresentados no texto estejam em acordo com os padrões aceitos à época da publicação. Entretanto, tendo em conta a evolução das ciências, as atualizações legislativas, as mudanças regulamentares governamentais e o constante fluxo de novas informações sobre os temas que constam do livro, recomendamos enfaticamente que os leitores consultem sempre outras fontes fidedignas, de modo a se certificarem de que as informações contidas no texto estão corretas e de que não houve alterações nas recomendações ou na legislação regulamentadora.
- Data do fechamento do livro: 06/12/2024.
- Os autores e a editora se empenharam para citar adequadamente e dar o devido crédito a todos os detentores de direitos autorais de qualquer material utilizado neste livro, dispondo-se a possíveis acertos posteriores caso, inadvertida e involuntariamente, a identificação de algum deles tenha sido omitida.
- Atendimento ao cliente: (11) 5080-0751 | faleconosco@grupogen.com.br
- Traduzido de
  FLIP YOUR CLASSROOM: REACH EVERY STUDENT IN EVERY CLASS EVERY DAY, REVISED EDITION
  Copyright © 2023 Jonathan Bergmann and Aaron Sams
  All rights reserved.
  Translation edition published by LTC – LIVROS TÉCNICOS E CIENTÍFICOS EDITORA LTDA., with permission from RussoRights, LLC on behalf of the authors. This Work is based on Flip Your Classroom: Reach Every Student in Every Class Every Day, Revised Edition by Jonathan Bergmann and Aaron Sams.
  © 2023 Jonathan Bergmann and Aaron Sams. All Rights Reserved.
  ISBN: 978-1-56484-986-1
- Direitos exclusivos para a língua portuguesa
  Copyright © 2025 by
  LTC | Livros Técnicos e Científicos Editora Ltda.
  Uma editora integrante do GEN | Grupo Editorial Nacional
  Travessa do Ouvidor, 11
  Rio de Janeiro – RJ – CEP 20040-040
  www.grupogen.com.br
- Reservados todos os direitos. É proibida a duplicação ou reprodução deste volume, no todo ou em parte, em quaisquer formas ou por quaisquer meios (eletrônico, mecânico, gravação, fotocópia, distribuição pela Internet ou outros), sem permissão, por escrito, da LTC | Livros Técnicos e Científicos Editora Ltda.
- Adaptação de capa: Rejane Magale
- *Design* de capa: Beth DeWilde
- Editoração eletrônica: Arte & Ideia
- Ficha catalográfica

CIP-BRASIL. CATALOGAÇÃO NA PUBLICAÇÃO
SINDICATO NACIONAL DOS EDITORES DE LIVROS, RJ

B436s
2. ed.

    Bergmann, Jonathan
    Sala de aula invertida : uma metodologia ativa de aprendizagem / Jonathan Bergmann, Aaron Sams ; tradução e revisão técnica Afonso Celso da Cunha Serra. - 2. ed. - Rio de Janeiro : LTC, 2025.

    Tradução de: Flip your classroom: reach every student in every class every day
    Apêndice
    Inclui bibliografia
    ISBN 978-85-216-3907-7

    1. Videoteipes na educação. 2. Ensino individualizado. 3. Prática de ensino. I. Sams, Aaron. II. Serra, Afonso Celso da Cunha. III. Título.

24-94344   CDD: 371.3352
                   CDU: 37.091.33

Gabriela Faray Ferreira Lopes - Bibliotecária - CRB-7/6643

Sobre os Livros ISTE

A Sociedade Internacional para Tecnologia em Educação (ISTE, do inglês International Society for Technology in Education) é a principal editora de livros com foco em educação. Seus livros e guias promovem ideias revolucionárias e práticas de vanguarda, que empoderam a aprendizagem e o ensino em um mundo conectado. Essas publicações abrangem ampla gama de tópicos sobre educação técnica e ajustam estratégias eficazes de ensino e liderança diretamente aos padrões ISTE, fornecendo orientação clara e prática para ajudar os educadores a cumprirem essas diretrizes.

Sobre os Livros ASCD

A Associação para a Supervisão e Desenvolvimento de Currículos (ASCD, do inglês Association for Supervision and Curriculum Development) capacita os educadores para alcançarem a excelência em aprendizagem, ensino e liderança, para que cada criança seja saudável, segura, engajada, apoiada e desafiada. Seus livros e guias de referência rápida se destacam pela diversidade de educadores experientes e de vozes inovadoras de todas as áreas da comunidade de educação em temas tradicionais e oportunos, como gerenciamento de sala de aula, estratégias instrucionais, liderança, equidade e aprendizagem socioemocional. Suas publicações habilitam os educadores a mapearem sua própria jornada de aprendizagem para que os estudantes possam crescer e florescer.

Títulos Relacionados

In-Class Flip: A Student-Centered Approach to Differentiated Learning
    Martha A. Ramírez e Carolina R. Buitrago

The Mastery Learning Handbook: A Competency-Based Approach to Student Achievement
    Jonathan Bergmann

Flipped Learning: Gateway to Student Engagement
    Jonathan Bergmann e Aaron Sams

Para conhecer todos os livros ISTE disponíveis, acesse o *site* iste.org/books.

Para conhecer todos os livros ASCD disponíveis, acesse o *site* ascd.org.books.

Sobre os Autores

Jonathan Bergmann (@jonbergmann) leciona ciências e é professor assistente de desenvolvimento de pessoal na Houston Christian High School, no Texas. Em 2002, Bergmann recebeu o *Presidential Award for Excellence for Math and Science Teaching* e foi semifinalista do *Colorado Teacher of the Year*, em 2010. Como um dos pioneiros da sala de aula invertida, ajudou escolas, universidades, organizações e governos em todo o mundo a adotarem a aprendizagem invertida ativa em seus contextos. É *keynote speaker* (ou principal palestrante) de eventos, que desafia e inspira o público com histórias e exemplos da vida real de suas salas de aula. Também atua no conselho consultivo da TED Education. Bergmann é autor e coautor de vários livros, que foram traduzidos para 13 idiomas, inclusive do notável *Sala de Aula Invertida* e do *The Mastery Learning Handbook*, guia prático para ajudar os educadores a fazerem a transição para o conceito de aprendizagem por domínio.

Aaron Sams (@chemicalsams) é professor assistente de educação em Saint Vincent College, na Pensilvânia. Lecionou química no Ensino Médio e, nessa época, presidiu a comissão de revisão das diretrizes de educação em ciências do Colorado. Sams recebeu o *Presidential Award for Excelence in Math and Science Teaching*, em 2009. É coautor de vários livros, inclusive do notável *Sala de Aula Invertida*, e regularmente publica suas pesquisas sobre políticas e práticas educacionais STEM (*Science, Technology, Engineering and Mathematics*). Sams reside em Pittsburgh com a esposa e três filhos, e geralmente pode ser encontrado pedalando em trilhas locais, escalando penhascos de arenito em West Virginia ou cozinhando em seu jardim.

Agradecimentos

Gostaríamos de agradecer a todos os educadores que adotaram o modelo de ensino invertido, que nos apoiaram nessa jornada e nos ajudaram a continuar a refinar nossas ideias. A comunidade de educadores que se engajou nessa reviravolta será sempre a nossa tribo, e somos eternamente gratos pela amizade e pelo coleguismo.

Dedicatória

Às nossas esposas, Kelsey Sams e Kris Bergmann.

Sumário

SOBRE A SEGUNDA EDIÇÃO.. xiii

APRESENTAÇÃO xv

PREFÁCIO xxi

CAPÍTULO 1

Nossa História: Criando a Sala de Aula Invertida 1

Antecedentes...3

Nasce a Sala de Aula Invertida...5

Como a Inversão Ajuda a Personalização..6

A Expansão da Sala de Aula Invertida 9

Começa a Aula Invertida de Aprendizagem para o Domínio....................10

A Explosão da Sala de Aula Invertida...12

Você Está Pronto para a Virada?...14

CAPÍTULO 2

A Sala de Aula Invertida 17

Estrutura da Sala de Aula Invertida 18

O Papel do Professor numa Aula Invertida...21

CAPÍTULO 3

O Argumento para Inverter a sua Sala de Aula 25

A **inversão** Fala a Língua dos Estudantes de Hoje 26

A **inversão** Ajuda os Estudantes Ocupados... 28

A **inversão** Ajuda os Estudantes que Enfrentam Dificuldades................ 28

A **inversão** Ajuda Alunos com Diferentes Habilidades a se Superarem... 29

A **inversão** Cria Condições para que os Alunos Pausem e Rebobinem o Professor........ 29

A **inversão** Intensifica a Interação Aluno-Professor 30

A **inversão** Possibilita que os Professores Conheçam Melhor seus Alunos 32

A **inversão** Aumenta a Interação Aluno-Aluno... 32

A **inversão** Permite a Verdadeira Diferenciação 33

A **inversão** Muda a Disciplina em Sala de Aula.. 34

A **inversão** Muda a Maneira como Conversamos com os Pais 35

A **inversão** Educa os Pais.. 36

A **inversão** Torna a Aula mais Transparente 37

A **inversão** é uma Ótima Ferramenta na Ausência de Professores......... 38

A **inversão** Pode Induzir o Programa Reverso de Aprendizagem para o Domínio 39

Sumário

CAPÍTULO 4

Como Implementar a Sala de Aula Invertida...41

Dever de Casa: os Vídeos...42

Tempo de Aula...45

CAPÍTULO 5

A Sala de Aula Invertida de Aprendizagem para o Domínio................................51

Uma Rápida Visão Geral da Aprendizagem para o Domínio..............................52

O que É a Sala de Aula Invertida de Aprendizagem para o Domínio................54

Componentes da Sala de Aula Invertida de Aprendizagem para o Domínio.....................57

CAPÍTULO 6

**Em Defesa do Modelo Invertido de
Aprendizagem para o Domínio**...63

O **Modelo de Aprendizagem para o Domínio** Ensina os Alunos a Assumirem
Responsabilidade pela Própria Aprendizagem...64

O **Modelo de Aprendizagem para o Domínio** Cria uma Maneira de Personalizar
e de Diferenciar com Facilidade a Sala de Aula...66

O **Modelo de Aprendizagem para o Domínio** Desloca a Aprendizagem
para o Centro da Sala de Aula..67

O **Modelo de Aprendizagem para o Domínio** dá aos Alunos *Feedback* Instantâneo
e Reduz a Papelada do Professor..68

O **Modelo de Aprendizagem para o Domínio** Oferece Oportunidades
de Recuperação...70

O **Modelo de Aprendizagem para o Domínio** Admite Vários Meios para
a Aprendizagem do Conteúdo...71

O **Modelo de Aprendizagem para o Domínio** Oferece Muitas Chances
de Demonstrar a Compreensão..73

O **Modelo de Aprendizagem para o Domínio** Muda o Papel do Professor.............74

O **Modelo de Aprendizagem para o Domínio** Ensina aos Alunos o Valor da
Aprendizagem, em vez de Adestrá-los no "Jogo" da Escola.............................75

O **Modelo de Aprendizagem para o Domínio** é Facilmente Replicado,
Ampliado e Personalizado 75

O **Modelo de Aprendizagem para o Domínio** Aumenta a Interação Face
a Face com o Professor..76

O **Modelo de Aprendizagem para o Domínio** Reforça o Engajamento
de Todos os Alunos...77

O **Modelo de Aprendizagem para o Domínio** Torna as Atividades
Práticas Mais Pessoais 77

O **Modelo de Aprendizagem para o Domínio** Torna as Demonstrações
Conduzidas pelo Professor Mais Envolventes..78

O **Modelo de Aprendizagem para o Domínio** Ajuda os Professores a
Orientarem seus Alunos 79

CAPÍTULO 7

Como Implementar o Modelo Invertido de Aprendizagem para o Domínio 81

O que Fazer no Primeiro Dia.. 82

Descubra que Alunos estão Prontos para a Autodireção.......................... 83

Esclareça o Modelo aos Pais.. 83

Ensine aos Alunos a Assistirem aos Vídeos e a Interagirem com Eles 84

Insista em que os Alunos Façam Perguntas Interessantes 85

Ajuste Sua Sala de Aula à Aprendizagem Invertida para o Domínio 87

Permita que os Alunos Gerenciem Seu Próprio Tempo e Carga de Trabalho 88

Estimule os Alunos a se Ajudarem 89

Desenvolva um Sistema de Avaliação Adequado.. 90

CAPÍTULO 8

Aprendizagem Invertida em Ação 101

A Jornada de Só Um Professor: Matthew Moore, Warrenburg, Illinois........... 102

Escola de Ensino Fundamental Ashhurst, Ashhurst, Nova Zelândia.......... 105

Temática Comum.. 109

Conclusão 111

APÊNDICE A

Melhores Práticas para Produzir Vídeos Didáticos de Qualidade.................... 115

Importância de Criar Seu Próprio Conteúdo.. 115

Produção de Material Didático de Qualidade... 116

Princípios do Bom Desenho Digital... 119

Maneiras de Produzir Vídeo Invertido.. 124

Outras Ferramentas Além do Vídeo 130

Intervalo Ideal entre Pré-Trabalho e Trabalho em Sala de Aula.............. 131

APÊNDICE B

Temos Respostas (Dúvidas Frequentes)... 133

Bibliografia.. 139

Índice Alfabético 143

Sobre a Segunda Edição

De propósito, preservamos a concisão da edição original deste livro, na esperança de que você o leia em uma única vez ou em não mais do que um fim de semana. Nesta revisão, mantivemos o núcleo do livro (nossa história), mas fizemos várias atualizações, com a inclusão de novos recursos e de avanços recentes, desde o lançamento da primeira edição. Observe que há situações ao longo de todo o livro em que mencionamos a atual escola ou sala de aula de Jonathan. Trata-se de exemplos recentes que acrescentamos a esta edição, na medida em que nossas jornadas em educação nos levaram além da escola de Colorado, onde, de início, lecionamos como equipe.

Também adicionamos novos elementos e seções para nos aprofundarmos em como implementar com sucesso a aprendizagem invertida.

Novo Conteúdo

O Capítulo 8, *Aprendizagem Invertida em Ação*, é novo e destaca dois estudos de casos. Um deles ilustra como um único professor adotou a aprendizagem invertida, e o outro mostra como a aprendizagem invertida foi implementada em todo distrito escolar.

Além disso, o Apêndice A, *Melhores Práticas para Produzir Vídeos Didáticos de Qualidade*, é um texto inédito, que se concentra especificamente em dicas para ajudá-lo a criar vídeos para as suas próprias aulas.

Ligações com os Padrões ISTE

O livro enfatiza as ligações com a seção "Educadores dos Padrões ISTE", apresentando exemplos do mundo real e incluindo citações de vários educadores com certificação ISTE, representando diversas séries e disciplinas escolares.

Sobre a Segunda Edição

Padrões para Educadores

Os **Padrões ISTE para Educadores** têm o objetivo de ajudar os professores a contribuirem para que os alunos se transformem em estudantes empoderados. Esses padrões aprofundarão suas práticas, promoverão a colaboração com os colegas, o desafiarão a repensar suas abordagens tradicionais e prepararão os estudantes para impulsionar a própria aprendizagem.

Citações de Educadores

Como fizemos ao longo de toda a primeira edição, mais uma vez, intercalamos episódios e pensamentos de muitos educadores mundo afora, que, de alguma maneira, inverteram suas salas de aula. Um aspecto que se destacou em todas as fases de nossa jornada para a sala de aula invertida foi o fato de que todos podemos aprender uns com os outros.

Nota da Editora: Esta nova edição de *Sala de Aula Invertida* apresenta *QR codes* ao longo do texto que levam a conteúdos diversificados, todos no idioma original, em inglês.

Apresentação

A Sala de Aula Invertida e o Avanço da Inteligência Artificial

Alguns professores meus, há 60 anos, exigiam a leitura de textos e a realização de pesquisas antes das aulas, para melhorar a participação nas classes. Como professor no Ensino Superior, muitas vezes utilizei essa estratégia, mas com resultados desiguais, até que um colega me ensinou a gerenciar de forma diferente os estudantes que chegavam não preparados. Alguns participavam das dinâmicas da classe, outros tinham que fazer as leituras primeiro. Isso pressionou os alunos a estudarem antes das aulas, para participarem delas efetiva e ativamente.

Somente mais tarde, *flipped learning* tornou-se um conceito mais visível. O grande mérito dos professores Bergmann e Sams foi experimentar a sala de aula invertida nas aulas de química do Ensino Médio e escrever posteriormente um livro bem didático explicando sua trajetória, além de como implementá-la na prática. E agora, nesta edição, após a pandemia da covid-19, o conceito de aula invertida é muito mais aceito, e a obra traz muitos relatos de experiências bem-sucedidas em vários países.

A aprendizagem invertida transfere para o digital uma parte do que era explicado em aula pelo professor. Os estudantes podem acessar materiais e realizar pesquisas no seu próprio ritmo, com o apoio de *chatbots* de inteligência artificial (IA), como preparação para a realização de atividades de aprofundamento, debate e aplicação – predominantemente em grupo – feitas na sala de aula presencial, com orientação docente. A combinação de aprendizagem por desafios, problemas reais e jogos com a aprendizagem invertida é muito importante para que os alunos aprendam fazendo, aprendam juntos e aprendam, também, no seu próprio ritmo.

No ensino convencional, os professores procuram garantir que todos os estudantes alcancem o mínimo esperado; para isso, explicam os conceitos básicos e pedem que os alunos depois estudem e aprofundem o conteúdo por meio de leituras e atividades.

Apresentação

Hoje, depois que os estudantes desenvolvem o domínio básico de leitura e escrita, podemos inverter o processo. As informações iniciais sobre um tema ou problema podem ser acessadas por cada aluno de forma flexível e em diálogo com plataformas digitais personalizadas, com o apoio direto do professor e dos colegas. Esse é um conceito amplo de aula invertida. Há materiais disponíveis sobre qualquer assunto, e o aluno pode percorrer por ele mesmo, no ritmo mais adequado. O docente propõe o estudo ou a pesquisa sobre determinado tema, com curadoria mais orientada ou mais aberta. O estudante procura as informações básicas em *sites* de pesquisa, livros físicos e digitais, plataformas mais curadas pela escola e no diálogo com tutores com IA.

O passo seguinte é fazer uma avaliação pedindo para a turma responder a algumas questões sobre o assunto, para assim diagnosticar o que foi aprendido e os pontos que necessitam de ajuda. Esse diagnóstico pode ser facilitado pelas plataformas de IA, que avaliam em tempo real as atividades de cada aluno e as compartilham com docentes e gestores. Em sala de aula, o professor orienta aqueles que ainda não adquiriram o básico para que possam avançar; ao mesmo tempo, oferece problemas mais complexos a quem já domina o essencial. Dessa maneira, os estudantes vão aplicando os conhecimentos e relacionando-os com a realidade. Hoje esse processo pode ser muito mais personalizado do que antes, pelo avanço das plataformas adaptativas com IA.

Um modelo um pouco mais complexo parte direto dos desafios, o que pode ocorrer dentro de uma só disciplina ou juntando-se várias. Três ou quatro professores que trabalhem com a mesma turma podem propor um problema interessante, cuja resolução envolva diversas áreas do conhecimento (projetos STEAM – *Science*, *Technology*, *Engineering*, *Art* e *Math*, por exemplo). É importante que os projetos estejam ligados à vida dos alunos e às suas motivações profundas, e que o professor saiba gerenciar essas atividades, envolvendo-os, negociando com eles as melhores formas de realizar as tarefas, valorizando cada etapa e, principalmente, a apresentação e a publicação em portfólios digitais compartilhados.

O articulador das etapas individuais e em grupo é o docente, com sua capacidade de acompanhar, mediar e analisar os processos, resultados, lacunas e necessidades, a partir dos percursos realizados pelos estudantes, com apoio das plataformas e dos aplicativos de IA. Esse novo papel do professor, de *designer* e mediador, é mais complexo do que o anterior, de transmissor de informações. É preciso uma preparação em competências mais amplas, além do conhecimento do conteúdo, como saber se adaptar ao grupo e a cada aluno, além de planejar, acompanhar e avaliar atividades significativas e diferentes e com maior domínio do digital.

O professor pode fazer isso com tecnologias simples, incentivando os estudantes a contarem histórias, trabalharem com situações reais e integrarem alguns dos jogos do cotidiano, com tecnologias desplugadas em escolas com poucos recursos digitais.

A Aula Invertida com a Popularização da Inteligência Artificial

Assistentes virtuais impulsionados por IA começam a ter um papel ativo importante para o apoio a estudantes e professores. Podem oferecer suporte e orientação a ambos, em tempo real, dar atenção personalizada, adaptar os níveis de dificuldade de cada aluno, verificar o trabalho imediatamente, responder a perguntas, indicar guias de estudo, oferecer recursos e dialogar com cada estudante e professor, todos os dias, a qualquer hora. Professores e alunos podem se conhecer melhor, aprender juntos de múltiplas formas, com uma visão crítica e atenta para não aceitar qualquer resposta como válida.

Cada docente pode ter sua IA específica, com todos os seus materiais – textos, vídeos e avaliações – e "ela" pode dialogar virtualmente (voz, texto, imagem) com cada estudante, no seu tempo, jeito e ritmo. Há também a IA de cada aluno, com seus projetos, reflexões e portfólio dinâmico, que ajudará o professor a calibrar melhor cada etapa para cada estudante e para os diferentes grupos. Por questões financeiras e de prioridades, algumas dessas funcionalidades podem começar de forma mais simples e ser implementadas progressivamente.

Começa a ser viável que o aluno interaja com o professor de forma também virtual – por texto, voz e vídeo – a qualquer hora, de qualquer lugar, como se estivessem juntos naquele momento, com uma sensação de proximidade bastante convincente. Assim, ele consegue apoio para entender melhor conceitos complexos, tirar dúvidas e se preparar para os momentos presenciais (aula invertida). Estudantes mais inquietos e criativos podem trazer contribuições muito ricas para os demais colegas, desenvolver projetos bastante estimulantes, criando um portfólio adaptado ao seu jeito, ritmo e necessidade, com a dupla mediação do docente e da IA, em um diálogo atento e questionador.

A aula invertida faz todo sentido atualmente, em uma combinação integrada entre o professor humanista/criativo e a colaboração de tutores digitais.

A IA pode ajudar muito na individualização, na diferenciação, na inclusão e na personalização ampla e participativa. Geralmente, fala-se mais de personalização nos níveis mais básicos (muito importante, sem dúvidas), e menos nos mais avançados. A IA (sistemas de tutorias inteligentes) pode analisar o perfil individual de cada aluno e identificar suas preferências, como o ritmo e o estilo de aprendizagem mais eficientes. Com base nessas informações, o professor e a IA podem adaptar o plano de ensino para aquele estudante, proporcionando uma experiência educacional mais eficaz e engajadora. A IA pode ser uma ferramenta de apoio importante – tanto para alunos quanto para mestres – na busca de informações complementares e na curadoria dos conteúdos disponíveis na internet, na compreensão de conceitos e nas aplicações práticas, fornecendo dados avançados e acelerando o processo de pesquisa científica e a produção de trabalhos acadêmicos.

A IA pode facilitar também a aprendizagem colaborativa, integrando ferramentas avançadas de comunicação nas plataformas educacionais. Os estudantes podem se conectar com seus colegas e professores, compartilhar ideias e colaborar em projetos de forma presencial e virtual (a IA faz resumos dos encontros, das contribuições de cada um e dos avanços dos projetos). A IA também está avançando muito na tradução automática de idiomas em tempo real, o que ajuda a quebrar barreiras linguísticas, tornando o aprendizado mais global. A profundidade da colaboração não depende da IA, mas da abrangência da integração dos projetos colaborativos no currículo (currículo por projetos, projetos integradores ou projetos desenhados por cada professor dentro da sua matéria).

A IA pode ajudar na elaboração de experiências de aprendizagem criativas, personalizadas e adaptativas, considerando ritmos, potencialidades e dificuldades dos estudantes; no levantamento de ideias para aprimorar estratégias pedagógicas, facilitando a identificação de fragilidades ou pontos de melhoria; na criação de rubricas e outras propostas avaliativas; na elaboração de devolutivas construtivas para os nossos alunos; e na comunicação com as famílias e com os demais integrantes da comunidade escolar. Pode ajudar também na ampliação da autonomia de cada aprendiz, se este assim o desejar.

A IA pode fornecer suporte aos estudantes com diversas necessidades de aprendizado, incluindo aqueles com deficiências. Por exemplo, ela pode oferecer serviços de conversão de fala em texto, tradução de idiomas e outras tecnologias assistivas para garantir que todos possam acessar e se beneficiar do aprendizado invertido.

Gestão da aprendizagem ou aula invertida

A implantação da aprendizagem ou aula invertida pode ser um pouco frustrante no começo. Para estudantes que vêm de um modelo diferente há anos, demora a cair a ficha. Por isso, é importante fazer uma boa gestão desse processo: não desanimar se os resultados iniciais não forem os esperados; repetir a proposta e explicar o porquê de mudar a metodologia; partir de vídeos interessantes, textos curtos e colocar na internet; e fazer algum tipo de avaliação rápida (Mentimeter, Wooclap, Google Docs, Kahoot ou outros aplicativos) que valorize os que se prepararam, com o apoio de tutores digitais inteligentes.

O professor pode pedir para que os alunos que não se preparam antes estudem durante a aula, enquanto os demais realizam atividades de discussão, aprofundamento e aplicação. Assim, os estudantes que são excluídos da participação nas atividades em grupo (por não terem feito as atividades prévias) se sentem menos valorizados, visto que estão perdendo algo importante. Isso ajuda a mudarem de atitude e a criarem progressivamente o hábito de estudar com antecedência.

Convém também lembrar, no final da aula, o que acontecerá no estudo prévio: detalhar o que se espera dos alunos, como e o porquê. O professor também pode enviar uma mensagem por algum aplicativo em rede para lembrá-los da atividade e dos prazos. Outra forma de incentivo é atribuir um bônus a quem faz regularmente o estudo antecipado.

Outra forma que funciona é realizar o estudo dos materiais prévios, às vezes, na própria sala de aula, para que os estudantes se preparem para as atividades mais participativas que vêm depois, principalmente em escolas de tempo integral.

É também interessante combinar com os demais professores como eles se articularão, para não sobrecarregar os alunos com muitos materiais preliminares ao mesmo tempo. Os docentes também podem postar aqueles que forem comuns a mais de uma área e que podem servir para desenvolver algum projeto em sala depois. Não há uma receita única de sucesso, mas faz sentido insistir em criar essa nova cultura e o hábito de estudar antes, dialogar com os tutores digitais e realizar atividades mais desafiadoras em sala de aula, com a mediação do professor.

Conclusão

Para aprender, é preciso ser curioso, proativo, saber perguntar, ter conhecimento prévio sólido, competências críticas, saber discordar, reelaborar as questões e checar as fontes. A aula invertida com o apoio da IA contribui

Apresentação

para a ampliação das formas de aprender quando os estudantes estão motivados. Sem motivação, gosto e hábito, não há metodologia que resolva. É preciso focar nas "habilidades humanas", como criatividade, comunicação e inovação, que podem ser despertadas nas crianças ao aproximá-las das descobertas científicas. Muitos se contentam com informações rasas, querem tudo pronto, se acomodam, não se esforçam e não se aprofundam. Acessar facilmente ou acessar antes não garante, necessariamente, que a aprendizagem será significativa. Aprender depende de motivação, competência e persistência. Não basta ter as melhores estratégias e ferramentas disponíveis.

A aula invertida com IA impacta todo o ecossistema educacional. Mas o fazem de forma muito diferente, dependendo dos valores, objetivos e processos de cada escola. Ela tanto pode contribuir para uma aprendizagem mais humanista, criativa, integral dos alunos, de competências para a vida, quanto pode reforçar modelos pedagógicos mais conteudistas ou autoritários, democráticos ou individualistas.

A escola, com professores com acesso a estratégias ativas e à IA, precisa focar muito mais na pedagogia da pergunta, ou seja, em questionar, fornecer contextos, delimitar o que se busca, saber avaliar cada resposta, propor novas perguntas e aplicá-las a situações diferentes. E, para isso, precisamos de educadores que estimulem o acolhimento, o diálogo, a pesquisa, a curiosidade e a inquietação. Tudo isso em um cenário de profunda desigualdade, de projetos escolares diferentes, de valorização e formação precárias dos professores e do desafio de continuarem relevantes em um mundo tão complexo e desafiador.

Nesse contexto, esta segunda edição do livro de Bergmann e Sams é muito oportuna, porque traz argumentos sólidos que comprovam como a sala de aula invertida impacta a aprendizagem por domínio. Mostra, também, como implementá-la na prática, com muitos exemplos concretos. Trata-se de uma obra **indispensável** para professores e gestores da Educação Básica e Superior neste período de grandes desafios e transformações.

José Moran
Professor, escritor e pesquisador de projetos educacionais inovadores
Autor do blog *Educação Transformadora (https://moran.eca.usp.br/)*

Prefácio

O livro que você está lendo agora deflagrou uma revolução na educação, quando a primeira edição foi lançada há mais de uma década. Como muitas revoluções, esta também começou pequena.

Jonathan Bergmann e Aaron Sams, dois professores de química como tantos outros, em uma escola pública de Ensino Médio do Colorado, simplesmente estavam tentando enfrentar uma questão básica: absenteísmo dos estudantes. Até que, um dia, tiveram a ideia de produzir vídeos com as preleções em salas de aula, para que os estudantes ausentes recuperassem o que perderam e alcançassem os colegas. Logo eles perceberam que haviam concebido uma maneira inteiramente inovadora de ressignificar as instruções em sala de aula: remover as preleções do tempo presencial e gravá-las em vídeos, o que seria mais prático e interativo, e aproveitar o tempo liberado em sala de aula para a aprendizagem ativa. Assim nasceu a aprendizagem invertida.

Toda a história original está contada no Capítulo 1, e não a estragarei. Mas basta dizer que o conceito criou pernas com velocidade espantosa. Em pouco tempo, professores de todo o Colorado e, depois, de todos os EUA e por aí afora estavam migrando em disparada para essa ideia.

Cheguei atrasado à festa. Em 2009, eu estava planejando um novo curso em minha faculdade que precisava de mais tempo de aprendizagem ativa do que a concessão de 1 hora de crédito permitiria. Queixei-me com um colega de que a preleção era o problema – a exposição verbal estava consumindo todo o tempo disponível! Meu colega perguntou se eu já tinha ouvido falar na sala de aula invertida. Eu não sabia do que se tratava; mas logo me familiarizei com a ideia. A aprendizagem invertida era a solução perfeita para a minha aula (embora minha primeira tentativa tenha ficado longe de perfeita). E, assim, também aderi à revolução.

Muitos gurus, na época, criticaram a aprendizagem invertida como modismo em educação ou jargão de professor. Hoje, porém, não há dúvida de que o termo resistiu ao teste do tempo e é mais crucial agora do que em qualquer outra época. A pandemia da covid-19 expôs todos os pontos dolorosos dos métodos didáticos tradicionais. Reconhecemos, hoje, a superioridade da aprendizagem ativa em comparação com as preleções tradicionais passivas.

Prefácio

Também sabemos que a paciência dos alunos com as preleções convencionais se esgotou. Os jovens querem fazer coisas significativas, e ficar sentado em uma cadeira e ouvir a palestra de alguém não é aproveitar o próprio tempo.

Todos os vetores apontam para a mesma conclusão: precisamos criar tanto tempo e espaço quanto for possível na sala de aula para a aprendizagem ativa. A aprendizagem invertida fornece os meios para alcançar esse resultado. E este livro é o seu guia.

Nele você encontrará explicações claras sobre a aprendizagem invertida, sobre os passos práticos para implementá-la em sua sala de aula (inclusive conexões explícitas com os padrões ISTE) e, mais importante: histórias, não as dos próprios autores, mas também as de outros professores, narradas em relatos acerca de estudos de casos. As evidências produzidas pelas pesquisas em educação são úteis e importantes, e muitas evidências comprovam a eficácia da aprendizagem invertida. Por fim, para tentar algo novo, todos precisamos das histórias de outras pessoas que ousaram experimentar.

As revoluções vitoriosas tendem a alcançar o sucesso quando as ferramentas para a promoção da mudança são colocadas nas mãos de todas as pessoas. Nesta excelente nova edição de seu livro, Bergmann e Sams, mais uma vez, estão fazendo exatamente isso.

Robert Talbert, Ph.D.
Professor de matemática, Grand Valley State University
Autor de *Flipped Learning: A Guide for Higher Education Faculty*
e *Grading for Growth*
http://rtalbert.org

CAPÍTULO 1

Nossa História:
Criando a Sala de Aula Invertida

Enrique tem dificuldades na escola, especificamente em matemática. Todos os dias, a professora se posta diante da turma e leciona conforme o currículo escolar estadual. Para tanto, recorre à tecnologia mais recente. Até usa um quadro branco interativo, que deveria atrair a atenção de todas as crianças e cativá-las para a aprendizagem. O problema de Enrique é que, para ele, a professora fala muito rápido e ele não consegue tomar notas com a mesma velocidade. Mas, mesmo quando faz algumas anotações e as transcreve no caderno, não compreende o que significam. Em casa, ao fazer os trabalhos escolares, continua com problemas, porque o que anotou durante a aula não o ajuda muito nas tarefas. Assim, Enrique, um aluno diligente, tem poucas opções: chegar à escola mais cedo e pedir ajuda à professora, telefonar para um amigo na esperança de que ele tenha compreendido o que a professora disse, copiar o dever de casa de um colega ou simplesmente desistir.

Janice joga vôlei, basquete e participa de trilhas pela Eastside High School. Também é aluna cuidadosa que sempre se esforça para fazer o melhor possível. Infelizmente, tem problema na aula de ciências, a última do dia todos os dias. Geralmente, precisa sair da escola mais cedo para participar dos jogos e atividades, e, por isso, perde muitas aulas. Ela bem que tenta acompanhar a turma, mas não consegue, por causa de suas frequentes faltas. Às vezes chega mais cedo e se encontra com o professor antes do começo da aula, mas ele está frequentemente muito ocupado para lhe ensinar pessoalmente tudo o que ela perdeu.

Ashley passou grande parte da vida aprendendo o "jogo" da escola. Há 10 anos se esforça para dominar a arte de corresponder às expectativas dos professores, cumprindo todas as exigências, não importa quão rigorosas, para conseguir boas notas. Na verdade, ela nunca aprende os principais conceitos, apesar de sempre receber os conceitos A ou B em todas as disciplinas – não porque tenha demonstrado compreensão, mas, sim, porque satisfez os critérios, encaixou-se nos padrões e acertou os gabaritos. Essas notas não refletem com exatidão o que ela de fato aprendeu. Ashley está sendo muito mal servida pela escola.

Infelizmente, esses cenários não são incomuns. Grande número de estudantes com dificuldades, realmente desejosos de aprender, acabam ficando para trás. Outros se sentem tão oprimidos que perdem os principais conceitos. Ainda há outros que entram no "jogo" da escola, mas nunca cumprem os objetivos didáticos básicos dos respectivos cursos. E, recentemente, por causa das interrupções provocadas pela pandemia, educadores em todo o mundo trabalharam freneticamente para ajudar os alunos a voltarem para os trilhos.

A sala de aula invertida é capaz de atender às necessidades de alunos como Enrique, Janice e Ashley, permitindo que os professores personalizem a educação dos estudantes. Você pode fazer o mesmo. Este livro lhe mostrará como fazê-lo!

Nota sobre Terminologia

Antes de prosseguirmos com nossa história, seríamos omissos se não mencionássemos alguns fatos importantes:

- Mesmo antes da inversão, nunca nos limitamos somente às exposições em sala de aula; sempre incluímos na aprendizagem pesquisas e projetos
- Não fomos os primeiros educadores a apresentar vídeos gravados com antecedência como material didático, mas fomos precursores e preconizadores

Nossa História: Criando a Sala de Aula Invertida   Capítulo 1

Para nós, a sala de aula invertida não teria sido possível sem os vídeos. No entanto, alguns professores recorrem a muitos dos conceitos expostos neste livro e dizem que adotam a sala de aula invertida, mas não usam vídeos como ferramentas didáticas

- Não criamos o termo "sala de aula invertida". Ninguém é dono dessa expressão. Logo, depois da publicação da primeira edição deste livro, houve quem nos aconselhasse a registrar os direitos autorais de "aula invertida" e "aprendizagem invertida". A essas sugestões, respondemos com um sonoro "Não!". Queríamos que o conceito e o termo fossem difusos e crescessem organicamente, e isso foi exatamente o que aconteceu. Nem mesmo cunhamos o termo. O professor universitário J. W. Baker (2016) alega tê-lo feito em fins da década de 1990, ao usar fitas VHS da biblioteca da universidade para lecionar o material em seus cursos. Daniel Pink (2010) também fez referências preliminares à inversão da sala de aula, numa postagem em um blog sobre ensino de matemática. Ademais, Lage, Platt e Treglia (2000) também foram precursores em conteúdo preparatório para as aulas, por meio de apresentações em Microsoft PowerPoint, em torno do que denominaram "salas de aula invertidas".

Também convém observar que, na versão original deste livro, fazemos referência específica à "sala de aula invertida". Desde então, também ajudamos a popularizar o termo "aprendizagem invertida". De fato, nosso livro subsequente foi intitulado *Aprendizagem Invertida*. Embora se possa argumentar que esses dois termos são distintos, nos anos subsequentes, "sala de aula invertida" e "aprendizagem invertida" se tornaram basicamente sinônimos. Portanto, não importa que termo se veja neste livro, é de se presumir que estejamos falando do mesmo princípio de inverter o tempo e o espaço em que ocorre a preleção.

Antecedentes

Em 2006, nós dois, os autores, começamos a lecionar na Woodland Park High School, em Woodland Park, Colorado, Estados Unidos. Jonathan veio de Denver e Aaron do sul da Califórnia. Passamos a ser o departamento de química dessa escola, com 950 alunos. À medida que a amizade se desenvolvia, constatamos que nossas filosofias de educação eram muito semelhantes. Para facilitar a vida, começamos a planejar nossas aulas de química juntos e, para economizar tempo, dividimos grande parte do trabalho. Aaron cuidava de uma aula de laboratório e Jonathan da seguinte. Aaron elaborava o primeiro teste e Jonathan o próximo.

Um problema que logo enfrentamos, ao lecionarmos em uma escola de ambiente relativamente rural, era que um grande número de alunos faltava a muitas aulas por causa dos esportes e de outras atividades que praticavam. As escolas "próximas" não ficavam tão perto assim. Os alunos passavam muito tempo nos ônibus, locomovendo-se entre eventos em lugares

Capítulo 1   Nossa História: Criando a Sala de Aula Invertida

diferentes. Nessas condições, os alunos mal assistiam a muitas das nossas aulas, além da dificuldade que tinham em acompanhar as disciplinas.

Até que um dia nosso mundo mudou. Ao folhear uma revista de tecnologia, Aaron mostrou a Jonathan um artigo sobre um *software* que gravava apresentações de *slides* em Microsoft PowerPoint, incluindo voz e anotações, e convertia a gravação em arquivo de vídeo, que podia, então, ser facilmente distribuído *on-line*. O *website* do YouTube mal havia começado, e o mundo dos vídeos *on-line* ainda estava na infância. No entanto, ao discutirmos o potencial desse *software*, percebemos que essa poderia ser uma maneira de impedir que os alunos faltosos também perdessem no desempenho de aprendizagem. Assim, na primavera de 2007, começamos a gravar nossas aulas ao vivo, usando o *software* de captura de tela. Postávamos as aulas *on-line*, e os alunos as acessavam.

Honestamente, confessamos que gravávamos as aulas por puro egoísmo. Despendíamos bastante tempo repetindo as lições para os alunos que não compareciam às aulas, e as lições *on-line* se transformaram em nossa primeira linha de defesa. Frequentemente, as conversas se formavam mais ou menos assim:

Aluno: Sr. Sams, faltei à última aula. O que perdi?

Sr. Sams: Vamos conversar, mas antes visite meu *website*, veja o vídeo que postei e me procure com as dúvidas.

Aluno: Tudo bem.

Os alunos ausentes adoravam as aulas gravadas e conseguiam aprender o que tinham perdido. Outros, que compareciam às aulas e ouviam as lições ao vivo, também começaram a assistir aos vídeos. Alguns os assistiam ao estudarem para os exames. Além disso, nós também ficamos muito satisfeitos porque não precisávamos perder muito tempo depois do horário escolar, durante o almoço ou mesmo no planejamento das aulas ajudando as crianças a recuperarem o conteúdo.

Nunca poderíamos ter imaginado os efeitos colaterais da postagem *on-line* de nossas aulas. Como nossos vídeos eram facilmente acessados, alunos e professores de todo o mundo passaram a nos agradecer por eles. Estudantes como os nossos, que tinham dificuldade em química, descobriram os vídeos e passaram a usá-los para estudar. Participamos de vários fóruns *on-line* de professores de ciências e neles começamos a compartilhar os *links* de acesso às aulas gravadas. Professores de todo os Estados Unidos começaram a se interessar e professores de química passaram a usar nossos vídeos como planos de aula para seus professores substitutos, além de alguns professores novatos também recorrerem aos vídeos para reforçar os próprios conhecimentos de química, de modo a transmiti-los com mais segurança aos alunos. No final das contas, foi surpreendente ver essa pequena iniciativa em nossa cidadezinha sendo conhecida em todo o país.

Nasce a Sala de Aula Invertida

No total conjunto de mais de meio século de magistério, sempre nos sentimos frustrados com a incapacidade dos alunos de traduzir o conteúdo de nossas aulas em conhecimentos úteis, que lhes permitissem fazer o dever de casa. No entanto, um dia, Aaron teve uma ideia que mudaria nosso mundo. Uma observação simples: "O momento em que os alunos realmente precisam da minha presença física é quando empacam e carecem de ajuda individual. Não necessitam de mim pessoalmente ao lado deles, tagarelando um monte de coisas e informações; eles podem receber o conteúdo sozinhos".

Foi quando ele fez a si mesmo a seguinte pergunta: "E se gravássemos *todas* as aulas, e se os alunos assistissem ao vídeo como 'dever de casa' e usássemos, então, todo o tempo em sala de aula para ajudá-los com os conceitos que não compreenderam?"

Dessa questão nasceu a sala de aula invertida. Durante o ano letivo de 2007-2008, assumimos o compromisso de pré-gravarmos todas as aulas de química, inclusive as preparatórias para o exame de *Advanced Placement* (AP). Para facilitar a dinâmica, um de nós gravava as aulas de química comuns e, o outro, as de AP. Trocávamos de posição na unidade subsequente. Isso significava muitas antemanhãs para Jonathan, com natureza mais matutina, e muitas noites altas para Aaron, com o perfil mais noctívago de nossa dupla.

Nossa programação costuma agrupar as aulas em blocos de 95 minutos em dias alternados. Nas noites alternadas, os alunos assistem aos vídeos como tarefa de casa e fazem anotações sobre o que aprenderam. E nos cursos de ciências, mantivemos os mesmos experimentos de laboratório que sempre conduzimos. Descobrimos que dispúnhamos de mais tempo, tanto para as atividades de laboratório quanto para o trabalho com a resolução de problemas de ciência. De fato, pela primeira vez em nossas carreiras, esgotamos todas as atividades programadas para os estudantes, que completavam em sala de aula todo o trabalho nos vinte minutos restantes.

Sem dúvida, esse modelo se mostrava mais eficiente que as preleções presenciais e os deveres de casa convencionais.

Também decidimos aplicar os mesmos testes, a cada fim de unidade, que adotáramos no ano anterior. Sobre isso, discutiremos os detalhes no próximo capítulo – mas, em síntese, os alunos estavam aprendendo mais, e os dados compilados pareciam indicar que o método da sala de aula invertida era um modelo superior à abordagem tradicional.

Aplicamos esse método durante 1 ano e ficamos muito satisfeitos com o nível de aprendizagem dos alunos e tínhamos comprovações de que o modelo funcionava melhor para as crianças. Seria de imaginar, portanto, que aperfeiçoaríamos o método e que continuaríamos a lecionar por meio da nova abordagem – mas, em parte, essa suposição não corresponderia à realidade. Voltaremos a isso em breve.

Como a Inversão Ajuda a Personalização

A inversão da sala de aula estabelece um referencial que oferece aos estudantes uma educação personalizada, ajustada sob medida às suas necessidades individuais. Lembra-se de Enrique, Janice e Ashley, do início deste capítulo? Eles são exemplos de estudantes problemáticos, alunos sobrecarregados, jovens que se formam, porém pouco aprendem. Educadores precisam encontrar maneiras de chegar até esses estudantes com necessidades muito distintas. A personalização da educação é uma proposta de solução.

PADRÃO ISTE EM AÇÃO[1]

Designer (2.5.a)

Nem todos os alunos aprendem no mesmo ritmo nem da mesma maneira, e personalizar a aprendizagem pode ser difícil – mas não impossível. Sempre há meios de alcançar as crianças no processo de aprendizagem, com apenas algumas pequenas mudanças. Leciono a mais de 100 alunos por dia. Todas as minhas aulas envolvem diferentes níveis de instrução. Algo que tenho feito com a tecnologia é oferecer o conteúdo aos alunos de diversas maneiras. Minhas lições são expostas em *slides* e uso Nearpod para que os alunos visualizem os *slides* em seus dispositivos 1:1. Nessas preleções, adoto vários métodos para verificar a

---

[1] N.R.T.: ISTE – International Society for Technology in Education – organização sem fins lucrativos que se empenha em acelerar a inovação em educação, mediante o uso inteligente da tecnologia em educação.

compreensão dos alunos. No processo de avaliação, incluí quadros de escolhas envolvendo diversas ferramentas tecnológicas que capacitam os alunos a selecionar uma ou mais opções que considerem mais adequadas nos respectivos níveis de aprendizagem.

—SAMANTHA MENDENHALL, PROFESSORA DE CIÊNCIAS (7TH AND 8TH GRADE), PORT ALLEN MIDDLE SCHOOL, PORT ALLEN, LOUISIANA, ESTADOS UNIDOS

O movimento para a personalização tem muito mérito, mas, para um único professor, personalizar o ensino de 150 estudantes é tarefa difícil e que não funciona no contexto tradicional. O atual modelo de educação reflete a era em que foi concebido: a Revolução Industrial. Os alunos são educados como em linha de montagem, para tornar eficiente a educação padronizada. Sentam-se em fileiras de carteiras bem arrumadas, devem ouvir um "especialista" na exposição de um tema e ainda precisam se lembrar das informações recebidas em um teste avaliativo. De alguma maneira, nesse ambiente, todos os alunos devem receber uma mesma educação. A debilidade do método tradicional é a de que nem todos os alunos chegam à sala de aula preparados para aprender. Alguns carecem de formação adequada quanto ao material, não têm interesse pelo assunto ou simplesmente não se sentem motivados pelo atual modelo educacional.

Antes de inverter a sala de aula, eu não tinha tempo para concluir todo o processo de aprendizagem. Hoje, na sala de aula invertida, o tempo é mais que suficiente, tanto que, agora, sou capaz de me dedicar à aprendizagem prática, a projetos de aprimoramento, assim como ao trabalho com pequenos grupos e à implementação de mecanismos de feedback eficazes. A inversão da sala de aula transformou meu ambiente de ensino, com alunos 100% engajados e ansiosos por aprender!"

—Jena Sagendorf, Professora (3rd Grade), Desert Horizon Elementary School, Phoenix, Arizona, Estados Unidos

Durante grande parte dos últimos 20 anos, insistiu-se com os educadores na oferta de uma educação personalizada, e a maioria desses profissionais acreditou na personalização como um objetivo positivo para se chegar a cada aluno. Todavia, para a maioria dos professores, a logística da personalização de 150 diferentes processos de aprendizagem todos os dias pareceu inconquistável. Como exatamente um professor poderia personalizar o ensino para tantas crianças? Como seria possível garantir que cada aluno estivesse de fato aprendendo, quando tantos são os padrões a cobrir?

Capítulo 1   Nossa História: Criando a Sala de Aula Invertida

A personalização é realmente opressora para a maioria dos educadores, que acabam por adotar a abordagem simplista e imediatista: a exposição de tanto conteúdo quanto possível, no tempo disponível, esperando que se atinja o máximo de alunos e torcendo para que, pelo menos, alguma coisa lhes entre – e fique – na cabeça.

Quando começamos a aplicar a inversão de salas de aula, logo percebemos que havíamos nos deparado com um sistema que efetivamente capacitaria os professores a personalizar o ensino para cada aluno – o objetivo dos educadores desde os primórdios do conceito de aprendizagem individualizada. Ao apresentarmos nosso modelo de sala de aula invertida a educadores de todo o mundo, muitos disseram: "Esse método é replicável, escalável, personalizável e facilmente ajustável às idiossincrasias de cada professor".

Talvez você também tenha constatado algumas semelhanças entre a sala de aula invertida e outros modelos educacionais, como ensino híbrido, instrução invertida, sala de aula invertida e sala de aula 24/7. De fato, todos esses modelos apresentam atributos semelhantes e provavelmente seriam intercambiáveis em certos contextos.

PADRÃO ISTE EM AÇÃO

Designer (2.5.a)

A realidade que os educadores de hoje enfrentam é que nem todos os alunos que recebemos estão preparados para aprender. Nessas condições, como enfrentar esse desafio quando lecionamos a 30 alunos de cada vez? Para tanto, adoro trabalhar com grupos flexíveis. Procuro oferecer aos alunos ensinamentos e experiências diferentes, com base em suas necessidades a cada dia. Avaliações esclarecedoras no começo ou no fim da aula me preparam para distribuir os alunos em diferentes grupos, com base no desempenho de cada um em relação ao conteúdo. Alguns alunos podem estar quase no nível de excelência, mas talvez precisem de um pouco mais de prática. Eles podem assistir a vídeos assíncronos, para trabalhar no laboratório, executar outras atividades, ou fazer anotações durante a leitura de um artigo e explicar os conceitos apreendidos a um parceiro. E, assim, constituo pequenos grupos para exercícios de extensão ou de reforço, e até para reuniões individuais com os alunos, A capacidade de explorar a tecnologia e de inverter a aprendizagem também possibilita que os alunos tenham opções em relação a como acessar o conteúdo. Usar o modelo invertido para ampliar o quadro de escolhas e a lista de reprodução permite que eu ofereça aos alunos *podcasts*, vídeos, artigos ou atividades práticas, além das aulas normais.

—MORIAH WALKER, EDUCADORA DE CIBERSEGURANÇA,
LAKOTA LOCAL SCHOOLS, LIBERTY TOWNSHIP, OHIO, ESTADOS UNIDOS

A Expansão da Sala de Aula Invertida

Ao iniciarmos essa jornada, não tínhamos ideia de que o que estávamos fazendo se difundiria além de nossas quatro paredes. Até que, de repente, recebemos um *e-mail* de um distrito escolar[2] vizinho, convidando-nos para visitá-los e para apresentar-lhes o modelo de sala de aula invertida. Até se propuseram a nos remunerar! Preparamo-nos, então, e passamos um dia em Canon City, Colorado, Estados Unidos. Você provavelmente já participou de atividades de treinamento e desenvolvimento pessoal, para as quais o diretor ou o superintendente da escola convidava algum "especialista" – alguém de fora daquele instituto para uma apresentação de *slides*. Nessa ocasião, éramos nós os especialistas. Quando começamos a palestra, quase todos os professores pareciam estar com os olhos inexpressivos, como se desafiando aqueles dois alienígenas a conquistarem sua atenção.

À medida que contávamos nossa história, os corpos encurvados começaram a se esticar. Logo os professores passaram a fazer perguntas, demonstrando interesse autêntico pelo modelo de sala de aula invertida. E, então, quando os separamos em grupos para a tarefa de fazerem seus próprios vídeos, percebemos que colidíamos com algo maior que nós mesmos. Um professor experiente nos dissera que, em 26 anos de magistério, nossa apresentação e oficina fora o dia de desenvolvimento profissional mais proveitoso de que já participara. Suspeitamos que o comentário dele tinha mais a ver com a simplicidade e a reprodutibilidade do modelo invertido que com nossas habilidades de reprodução.

Poucas semanas depois, nosso diretor assistente entrou em nossas salas para perguntar se esperávamos alguém do Canal 11. Para grande surpresa, o repórter especialista em educação de uma das emissoras de notícias local tinha ouvido sobre nós e simplesmente decidido bater em nossa porta. Ele fez um breve videoclipe sobre nossas atividades... E, como dizem, o resto é história: fomos convidados a falar em conferências, requisitados para treinar educadores nas escolas, distritos e até em faculdades. Assim, passamos a apresentar a abordagem da sala de aula invertida nos Estados Unidos, no Canadá, na Ásia, no Oriente Médio, na América do Sul e na Europa.

---

[2] N.R.T.: O distrito escolar, nos Estados Unidos, tem a responsabilidade de administrar as escolas públicas de cada região.

Capítulo 1   Nossa História: Criando a Sala de Aula Invertida

Começa a Aula Invertida de Aprendizagem para o Domínio

Então, um dia, nosso mundo foi sacudido pelas conversas com alguns alunos. No final de cada ano, encarregamos os estudantes de executarem um projeto abrangente. Nesse projeto, pedimos para avaliarem uma substância doméstica e para determinarem por meio da análise química algumas das propriedades quantitativas dessa substância. No ano em que adotamos o modelo de sala de aula invertida, os alunos deveriam analisar um refrigerante para determinar a quantidade de ácido fosfórico na bebida. Já havíamos repetido esse projeto em vários anos e esperávamos que esse grupo de alunos, os primeiros que tinham aprendido sob o modelo de sala de aula invertida, estabelecessem um novo padrão de bons resultados. Depois de terminarem o projeto, cada grupo participou de uma conversa com o professor. Nessa entrevista, fizemos algumas perguntas conceituais importantes, que chegaram ao cerne do conteúdo aprendido na disciplina de química. Ficamos surpresos e decepcionados ao constatar que, embora esse grupo de alunos tivesse conseguido melhores resultados nos testes que os grupos anteriores, algumas das respostas durante a entrevista davam a impressão de que tinham estudado apenas para o teste, em vez de realmente dominarem os conceitos essenciais a serem aprendidos por todos os estudantes de química.

Depois de algumas reflexões, concluímos que, apesar de nossos melhores esforços para atender às necessidades dos alunos, ainda estávamos impondo o currículo aos estudantes, estivessem eles preparados ou não para avançar. Começamos a indagar se poderíamos constituir uma sala de aula invertida que também atendesse aos requisitos de um ambiente de aprendizagem de excelência, em que os alunos alcançassem uma série de objetivos de aprendizagem, em seu próprio ritmo (Bloom, 1971). Nossa conversa foi mais ou menos nos seguintes termos: no modelo de sala de aula invertida tradicional (parece estranho dizer que há um modelo de sala de aula invertida "tradicional"!), todos os alunos assistem ao mesmo vídeo na mesma noite e, durante a aula, todos os alunos completam a mesma atividade em sala ou fazem as mesmas experiências em laboratório. Agora, porém, que temos uma videoteca instrucional, por que todos os estudantes deveriam se concentrar no mesmo tópico, ao mesmo tempo?

Outra coisa que nos levou a refletir sobre o modelo invertido de aprendizagem para o domínio foi a entrada de uma aluna estrangeira na turma de Jonathan. Os conselheiros procuraram Jonathan e lhe perguntaram

10   Sala de Aula Invertida

se uma aluna nova poderia se matricular em seu curso de química no começo do segundo semestre. Quando Jonathan lhe perguntou sobre suas aulas de química anteriores, ela respondeu que jamais havia estudado essa disciplina. Antes, na produção de nossos vídeos, não haveria como receber na turma uma nova estudante nessas condições. Ao meditar sobre a questão, Jonathan se lembrou de que tinha toda uma videoteca sobre química, com a qual a aluna poderia trabalhar no seu próprio ritmo. Assim, Jonathan a aceitou na turma, começando na Unidade 1 e percorrendo todo o currículo. No curso, temos dez unidades que se estendem por todo o ano. A aluna concluiu oito das dez unidades em um semestre. Enquanto observávamos o trabalho dela, começamos a pensar em um sistema que permitisse que todos os alunos progredissem no material, à medida que aprendessem o conteúdo, respeitando seu próprio ritmo.

PADRÃO ISTE EM AÇÃO

Designer (2.5.a)

Em respeito ao princípio de que todos os alunos aprendem de maneiras diferentes, gosto de criar itinerários de aprendizagem ou quadros de escolhas que incorporem múltiplos meios de entrega de conteúdo. Por exemplo, uma de nossas metas de aprendizagem consistiu em que os alunos do terceiro grau aprendessem sobre os continentes. O quadro de escolhas da aprendizagem oferece-lhes recursos de áudio, vídeo e livros digitais para aprender sobre cada continente. Os alunos podem escolher os meios que lhes parecerem mais eficazes. Ademais, os organizadores gráficos que os alunos usam para coletar o que aprenderam fornecem-lhes várias maneiras de expressar sua nova aprendizagem. Essa captura pode ser feita por meio de desenhos de imagens ou de textos escritos. Essa modalidade de inversão da aprendizagem é muito poderosa porque não só proporciona aos alunos uma experiência de aprendizagem personalizada em que fazem escolhas para a própria aprendizagem, mas também oferece ao professor tempo a ser dedicado a alunos que precisam de mais apoio ou extensão.

—SARA SCHOEPKE, COORDENADORA DE TECNOLOGIA INSTRUCIONAL E BIBLIOTECA DE MÍDIA, WATERFORD GRADED SCHOOL DISTRICT, WATERFORD, WISCONSIN, ESTADOS UNIDOS

O objetivo derradeiro é o de que todos os alunos realmente aprendam química. Pensamos em desenvolver um sistema em que os alunos avançassem no curso enquanto dominassem o material. É preciso compreender que jamais havíamos recebido treinamento sobre como colocar em prática um sistema de aprendizagem para o domínio. Logo descobrimos que a aprendizagem para o domínio já existe há muito tempo e que muito já se pesquisou sobre a implementação desse sistema. Nós não consultamos a literatura nem fizemos pesquisa: simplesmente embarcamos.

Nosso primeiro ano de magistério com o modelo invertido de aprendizagem para o domínio se caracterizou por uma alta curva de aprendizagem. Cometemos muitos erros. No fim daquele ano, olhamos um para o outro e perguntamos: "Devemos prosseguir?" Ainda assim, concluímos que não poderíamos retroceder. Vimos nossos alunos aprenderem com mais profundidade do que nunca, e estávamos convencidos de que nosso método estava mudando a capacidade dos alunos de se converterem em aprendizes autônomos, autodidatas.

A Explosão da Sala de Aula Invertida

Desde a publicação da primeira edição deste livro, em 2012, ficamos empolgados com o crescimento da sala de aula invertida em todo o mundo. Durante algum tempo, nós dois, os autores, ziguezagueamos mundo afora, trabalhando com professores, escolas e ministros da educação, ajudando-os a implementar o modelo. Atuamos com pequenos grupos de professores e palestramos em conferências com a presença nada menos de 25 mil pessoas.

As primeiras críticas a este livro foram sobre a falta de pesquisas acerca da aprendizagem invertida e sobre o fato de que o livro não citava referências. Por certo, algumas dessas críticas foram contra nós, na medida em que procuramos contar a história de nossas aulas e do que havia funcionado para nós. Nesta edição, tentamos minorar essas deficiências. Muito nos ajudou o fato de que, desde 2012, o número de artigos de pesquisas sobre a aprendizagem invertida ter aumentado exponencialmente. Publicaram-se milhares de trabalhos revisados por pares, e a maioria deles demonstrou a eficácia da aprendizagem invertida.

Eis uma seleção muito breve de alguns estudos que mostram os contextos em que a aprendizagem invertida pode funcionar.

- A Harvard Medical School adotou a aprendizagem invertida (Fu, 2015)

- A aprendizagem invertida ajudou a treinar higienistas dentários (Kim, 2020)

- Um estudo da Iowa State Unversity concluiu que a inversão é promissora para os cursos de laboratório, porque chegar "pronto para participar das atividades de laboratório permite que os alunos passem mais tempo ampliando suas habilidades e técnicas" (Anderson, Franke, & Franke, 2017)

- Pesquisadores na Coreia do Sul estudaram se a aprendizagem invertida aumentava o pensamento de ordem superior dos professores de formação inicial. O estudo foi inédito e singular, na medida em que monitoraram as perguntas dos alunos e as classificaram com base na taxonomia de Bloom. E assim descobriram que a qualidade das perguntas dos alunos foi aprimorada pela aprendizagem invertida. Esse estudo é também interessante porque eles inverteram o treinamento dos professores de formação inicial, o que no mínimo é bom prenúncio do aumento da eficácia dos professores da Coreia do Sul (Heo & Chun, 2018)

- Pesquisadores na Tailândia estão desenvolvendo um modelo que conecta a aprendizagem invertida coma filosofia construtivista e com o pensamento crítico. Eles propõem que a interação dessas três estratégias reforçará a aprendizagem dos alunos (Jantakoon & Piriyasurawong, 2018)

- Martin H. Malin e Deborah I. Ginsberg (Chicago-Kent College of Law) usaram com sucesso a metodologia da sala de aula invertida durante 4 anos com os alunos da faculdade de direito (Malin & Ginsberg, 2018)

- Pesquisadores da Brigham Young University estudaram o efeito de inverter uma aula de estatística em ambientes de grandes conferências e descobriram "melhoria significativa no desempenho dos alunos e na satisfação com o curso, depois de inverterem a sala de aula. No todo, os resultados mostraram que o modelo da sala de aula invertida pode ser usado em grandes conferências ou convenções, com a ajuda de assistentes de ensino em cursos de graduação e com o complemento de recursos de laboratório" (Nielsen, Bean, & Larsen, 2018)

- Uma tese de Hong Kong recorreu a uma metanálise sistemática de pesquisas sobre aprendizagem invertida em ciências de educação pré-universitária e superior. Ela concluiu que a aprendizagem invertida proporciona amento significativo nas realizações dos dos alunos (Zhang, 2018)

- Um estudo nas Filipinas descobriu que a aprendizagem invertida reduz a ansiedade em matemática dos alunos de Ensino Médio. Esse estudo ilustra como o tempo adicional proporcionado pela aprendizagem invertida para promover a interação aluno-professor ajuda os alunos a lidar com conceitos difíceis (Segumpan & Tan, 2018)

- Uma metanálise examinou 73 estudos sobre aprendizagem invertida e apurou que as vantagens mais citadas do aprendizagem invertida era o melhor desempenho dos alunos. Também observou que o aspecto mais desafiador da implementação da aprendizagem invertida é levar os alunos a fazerem o trabalho pré-aula (Akçayir & Akçayir, 2018).

Mal sabíamos que a aprendizagem invertida exerceria papel tão central em ajudar os professores a lecionar durante a pandemia da covid-19. Todos os professores que soubemos terem adotado com sucesso a abordagem da sala de aula invertida (e entre nós conhecemos muitos professores) foram instados pela administração das escolas a ajudar os pares a navegar no atoleiro da aprendizagem remota e híbrida. Embora a aprendizagem invertida não seja aprendizagem remota, muitos dos mesmos princípios e ferramentas imbricam o suficiente para terem ajudado os professores durante a pandemia. Um professor até tuitou que seus pares de aprendizagem invertida se prepararam para a pandemia durante 10 anos.

Depois da pandemia, as premências e os compromissos dos professores têm sido a força motriz que impulsionou a mudança de minhas salas de aula, com a adoção do método da aprendizagem invertida. Nós, professores, nos conscientizamos de que lecionar e aprender com o método invertido não é mais uma opção complementar. É a opção."

— Carmem Llorente Cejudo, Professora (Teacher of Educational Technology Degree in Pedagogy), Faculty of Education, University of Seville, Espanha

Você Está Pronto para a Virada?

A esta altura, você talvez tenha constatado que nossa tolerância em relação à mudança é bastante alta. Estamos dispostos a tentar quase que qualquer estratégia, se acharmos que a inovação poderá ser útil aos alunos. Felizmente, tomamos muitas decisões acertadas ao longo da jornada. Também cometemos muitos erros. Nossa esperança é a de que, se você resolver adotar a abordagem da sala de aula invertida ou até o modelo invertido de aprendizagem para o domínio, você aprenderá com nossos erros, melhorando o modelo original.

Também esperamos que, ao ler este livro, você conclua que não existe uma única maneira de inverter a sala de aula – não há essa coisa de *a* sala de aula invertida. Não existe metodologia específica a ser replicada, nem *checklist* a seguir que leve a resultados garantidos. Inverter a sala de aula tem mais a ver com certa mentalidade: a de deslocar a atenção do professor para o aprendiz e para a aprendizagem. Todo professor que optar pela inversão terá uma maneira distinta de colocá-la em prática. Com efeito, ainda que tenhamos desenvolvido as salas de aula invertidas juntos e nossas salas de aula sejam vizinhas, ambas ainda seriam distintas entre si, assim como nossas personalidades e nossos estilos didáticos se diferenciam em meio às semelhanças.

CAPÍTULO 2

A Sala de Aula Invertida

A esta altura, você já deve ter uma ideia dos resultados da sala de aula invertida, mas talvez esteja em dúvida sobre o que exatamente se "inverte". Basicamente, o conceito de sala de aula invertida é o seguinte: o que tradicionalmente é feito em sala de aula, agora é executado em casa, e o que tradicionalmente é feito como trabalho de casa, agora é realizado em sala de aula. Outra maneira de abordar essa questão é inverter a instrução direta para que seja completada por cada aluno, reservando o tempo em sala de aula para a aplicação do conteúdo. Como você verá, porém, há mais que isso a ser invertido.

Capítulo 2   A Sala de Aula Invertida

Estrutura da Sala de Aula Invertida

Um Dia na Vida de uma Sala de Aula Invertida

Frequentemente nos perguntam como é a rotina da sala de aula invertida. (Digitalize o *QR code* para assistir a um vídeo que fornece uma breve visão geral.)* Em essência, começamos cada aula com alguns minutos de discussão sobre o vídeo que foi visto em casa. Um dos inconvenientes do modelo invertido é o de que os alunos não podem fazer de imediato as perguntas que lhes vêm à mente, como teria sido o caso numa aula "ao vivo". Para enfrentar essa questão, gastamos, no começo do ano, um bom tempo treinando os alunos a assistirem ao vídeo de maneira eficaz. Nós os incentivamos a desligar telefones e outras distrações enquanto assistem ao vídeo. Sugerimos que "pausem" e "retrocedam" o professor, encorajando-os a usarem sem parcimônia o botão de "pausa" para que possam anotar pontos importantes da lição.

Sistema Cornell de Anotações

Além disso, também orientamos os alunos a adotarem o sistema Cornell de anotações, em que transcrevem os pontos importantes, registram quaisquer dúvidas que lhes ocorram e resumem o conteúdo aprendido. Como alternativa, alguns professores optam por fornecer um guia de instruções sobre anotações, em que os alunos preenchem várias lacunas enquanto assistem ao vídeo didático. (Digitalize o *QR code* para aprender mais sobre este sistema.) Como alternativa, alguns professores optam por fornecer um guia de instruções sobre anotações, em que os alunos preenchem várias lacunas enquanto assistem ao vídeo didático. Os alunos que praticam esses modelos de anotação geralmente levam para a sala de aula questões pertinentes que nos ajudam a abordar controvérsias e equívocos comuns. Comunidades em que se desenvolvem iniciativas 1.1 e dispõem de amplo acesso irrestrito a redes *wi-fi* fora da escola talvez prefiram usar ferramentas digitais para estimular a tomada de notas. Alguns professores nessas escolas até postam seus vídeos em aplicativos *on-line*, em que incluem perguntas para induzir os alunos a responder imediatamente a questões sobre o que acabaram de aprender. Os professores podem usar as respostas a essas perguntas para avaliar a eficácia dos vídeos didáticos. Se muitos alunos apresentarem dúvidas semelhantes, fica, assim, evidente a maneira inadequada da abordagem do tópico, e fazemos anotações para a correção e melhoria do vídeo no futuro.

---

*Nota da Editora: Esta nova edição de *Sala de Aula Invertida* apresenta *QR codes* ao longo do texto que levam a conteúdos diversificados, todos no idioma original, em inglês.

PADRÃO ISTE EM AÇÃO

Designer (2.5a)

Quando comecei a inverter minha sala de aula, logo percebi que os alunos não compreendiam espontaneamente como assistir aos vídeos para aprender o conteúdo. Produzir vídeos para que os alunos aprendam a qualquer hora, em qualquer lugar, permite que os alunos personalizem sua aprendizagem, mas, quando começamos a promover essa mudança na prática, precisei ensinar os alunos a aprender por si mesmos. Os primeiros vídeos didáticos, não muitos, vimos juntos na sala de aula. Exemplifiquei a tomada de notas pensando em voz alta para demonstrar quando sentia que precisava fazer uma pausa e reprisar parte do vídeo. Também demonstrei como ativar legendas ocultas e recorrer a outras ferramentas de reprodução.

Os alunos nos procuram com diferentes necessidades. Alguns preferem anotações rápidas enquanto outros escolhem notas esquemáticas. Ao assistir juntos, em sala de aula, a nossos primeiros vídeos com lições invertidas, conversamos sobre diferentes métodos de tomada de notas, o que levou os alunos a refletir sobre suas necessidades individuais. Esse processo também ajudou os estudantes a se sentirem mais seguros, ao aproveitar o próprio tempo de maneira mais produtiva.

—APRIL BURTON, LÍDER DE CONTEÚDO DE TECNOLOGIA INSTRUCIONAL, FRANCIS HOWELL SCHOOL DISTRICT, O'FALLON, MISSOURI, ESTADOS UNIDOS

Depois de respondermos às perguntas, passamos aos alunos as tarefas do dia a serem executadas na sala de aula. Pode ser experiência em laboratório, atividade de pesquisa, solução de problemas ou teste. Como a duração do bloco é de 95 minutos, os alunos, em geral, realizam mais de uma dessas atividades em qualquer uma das sessões. Enquanto os alunos completam suas tarefas durante as aulas, circulamos pela sala e oferecemos ajuda e *feedback a todos os alunos, em todas as turmas, todos os dias.*

Continuamos a avaliar os trabalhos, as experiências em laboratório, e os testes, da mesma maneira como o fazíamos sob o modelo tradicional.
Mas o papel do professor em sala de aula mudou radicalmente. Deixamos de ser meros transmissores de informações; em vez disso, assumimos funções mais orientadoras e tutoriais. Já na década de 1990, Alison King (1993) ajudava os professores a serem o "instrutor ao seu lado", em vez de "o sábio no palco", e uma sala de aula invertida é excelente recurso para adotar esse paradigma. A percepção mais adequada da transformação do professor talvez seja a de Shari Kendrick, professor em San Antonio, Texas, Estados Unidos, que adotou nosso modelo: "Não preciso ir à escola e repetir a mesma exposição cinco vezes por dia. Agora, passo os dias interagindo com os alunos e os ajudando

na aprendizagem". Um dos grandes benefícios da inversão é o de que os alunos que têm dificuldade recebem mais ajuda. Como Shari, circulamos pela sala de aula o tempo todo, ajudando os estudantes na compreensão de conceitos em relação aos quais se sentem bloqueados.

> *A aprendizagem invertida foi para mim uma oportunidade de construir laços mais fortes com os alunos e com o pessoal de apoio. Agora, mais do que nunca, consigo personalizar o ensino com muito mais eficácia, de maneira inédita. Além disso, a aprendizagem invertida induziu-me a refletir sobre minhas próprias práticas de ensino, para seguir melhorando a minha didática."*
>
> — Stephanie Quataro, Especialista Centrada no Aluno,
> Regional School District 13, Durham, Connecticut, Estados Unidos

No modelo tradicional, os alunos geralmente comparecem à aula com dúvidas sobre alguns pontos do dever de casa da noite anterior. Quase sempre dedicávamos os primeiros 25 minutos a atividades de aquecimento e a explicações dos pontos obscuros. Em seguida, apresentávamos novo conteúdo durante 30 ou 45 minutos e destinávamos o restante da aula a práticas independentes ou a experiências de laboratório.

No modelo de sala de aula invertida, o tempo é totalmente reestruturado. Os alunos ainda precisam fazer perguntas sobre o conteúdo que lhes foi transmitido pelo vídeo, as quais respondemos nos primeiros minutos da próxima aula. Dessa maneira, esclarecemos os equívocos antes que sejam cometidos e aplicados incorretamente. Usamos o resto do tempo para atividades práticas mais extensas e/ou para a solução de problemas (Tabela 2.1).

Tabela 2.1 Comparação do uso do tempo nas salas de aula tradicional e invertida

Sala de aula tradicional		Sala de aula invertida	
Atividade	*Tempo*	*Atividade*	*Tempo*
Atividade de aquecimento	5 minutos	Atividade de aquecimento	5 minutos
Repasse do dever de casa da noite anterior	20 minutos	Perguntas e respostas sobre o vídeo	10 minutos
Preleção de novo conteúdo	30 a 45 minutos	Prática orientada e independente e/ou atividade de laboratório	75 minutos
Prática orientada e independente e/ou atividade de laboratório	20 a 35 minutos		

O Papel do Professor numa Aula Invertida

Examinemos uma aula de química típica de Aaron e vejamos um exemplo de como a função do professor se transformou.

A aula de química de Aaron, para o exame de *Advanced Placement* (AP), começa na noite anterior, na casa de cada aluno. Não se atribuem aos alunos questões ou leituras extraídas de livros, mas, sim, de vídeos. Usando seu dispositivo e seu método de visualização preferidos, todos os alunos assistirão a um vídeo de Aaron e Jonathan explicando o material a ser explorado em sala de aula no dia seguinte.

A aula começa. Aaron faz a chamada e inicia a sessão de perguntas e respostas. Os alunos perguntam sobre o vídeo da noite anterior, e Aaron esclarece as dúvidas e os equívocos. Depois de mais ou menos 10 minutos, Aaron instrui os alunos a abrirem o pacote de problemas práticos, muitos dos quais são semelhantes em estrutura às questões que enfrentarão no exame de AP. Ele conduz a aula com algumas aplicações do conteúdo aprendido pelos alunos na noite anterior e responde a outras perguntas sobre novos tópicos. Chega, então, a hora de trabalhar. Os alunos completam as tarefas remanescentes, enquanto Aaron se movimenta pela turma, ajudando os alunos que têm dúvidas, além de também oferecer aos alunos um guia de soluções para quem quiser verificar o próprio trabalho.

PADRÃO ISTE EM AÇÃO

Citizen (2.3b)

Durante a pandemia, nossa escola teve a sorte de ajudar famílias sem acesso à internet, recorrendo a *hotspots*. Todos os alunos receberam dispositivos 1.1 da escola para usar em casa (iPads PK-1 e Chromebooks 2-12). Quando retomamos as aulas presenciais, foi importante que os alunos ainda tivessem acesso à internet fora do horário escolar. Muitas famílias mantiveram o acesso à internet por meio de planos acessíveis, a baixo custo, em nossa comunidade. A biblioteca local mantinha computadores *desktops* para uso comunitário. Na escola, ensinamos os alunos a carregar vídeos ou a ativar o acesso *off-line* a arquivos em seus Chromebooks 1.1, antes de começarem o dia. Os estudantes sabiam o que era necessário para fazer o trabalho e muitos se sentiam mais à vontade pedindo ajuda quando precisavam. Os professores eram encorajados a carregar vídeos no YouTube para que os alunos os acessassem facilmente em seus dispositivos móveis. Num levantamento recente na comunidade, aproximadamente 94% dos pais consultados relataram ter acesso à internet em casa. A mudança da mentalidade dos pais, dos alunos e dos professores promoveu o espírito comunitário de ajuda mútua para alcançar o sucesso.

—LANCY COLLINS, TREINADORA INSTRUCIONAL DE TECNOLOGIA, PK–12, HOMER CENTRAL SCHOOLS, HOMER, NOVA YORK, ESTADOS UNIDOS

Na véspera das experiências de laboratório na escola, não se propõe nenhum vídeo a ser assistido em casa pelos alunos. Em vez disso, estes executam em casa as atividades preparatórias para os experimentos em laboratório do dia seguinte. Em sala de aula, Aaron explica os experimentos e discute as medidas de segurança. Os alunos, então, começam a realizá-los.
Sob o modelo tradicional, os cálculos e as análises geralmente constituem o dever de casa depois da atividade em laboratório. Já sob o modelo de sala de aula invertida, o vídeo subsequente é proposto como dever de casa e, em sala de aula, na manhã seguinte, os alunos usam o tempo para finalizarem as atividades de laboratório. Dessa maneira, Aaron tem condições tanto de responder a perguntas específicas sobre o experimento em laboratório e ajudar os alunos que estão enfrentando dificuldades com os cálculos, quanto de analisar os dados coletados em aula.

Por ocasião do exame, todos os alunos o realizam ao mesmo tempo e recebem *feedback* oportuno de maneira a esclarecer dúvidas e corrigir erros. Como objetivo final, todos os estudantes precisam completar o currículo programático até o final de abril, de modo a se prepararem para o exame em maio. De modo a estarem preparados para o exame na data marcada, todos os alunos precisam, portanto, trabalhar no mesmo ritmo.

> *Desde que adotei a abordagem da aprendizagem invertida, constatei enorme avanço não só no engajamento, mas também na paixão dos alunos. Se um educador encontra uma maneira de despertar entusiasmo e curiosidade no aluno, logo a empolgação calorosa virá a reboque. A aprendizagem invertida tem sido transformacional na promoção de aprendizagem ativa e efetivo em todas as minhas turmas!"*
>
> —Joy de los Reyes, Felician University, School of Business & Information Science, Rutherford, Nova Jersey, Estados Unidos

Nitidamente, a aula gira em torno dos alunos, não do professor. Os estudantes têm o compromisso de assistir aos vídeos e fazer perguntas adequadas. O professor está presente unicamente para prover *feedback* especializado. Também compete aos alunos a realização e apresentação dos trabalhos escolares. Como também se oferece um guia de soluções, os alunos são motivados a aprender, em vez de apenas realizar os trabalhos pela memória. Além disso, os alunos devem recorrer ao professor sempre que precisarem de ajuda para a compreensão dos conceitos. O papel do professor na sala de aula é o de amparar os alunos, não o de transmitir informações.

PADRÃO ISTE EM AÇÃO

Facilitator (2.6a)

A flexibilidade e a liberdade em salas de aula invertidas ensejam que os alunos se incumbam de definir os objetivos e os resultados da aprendizagem. O exemplo oferecido neste capítulo foca em alunos de química avançada, trabalhando juntos na elaboração de um guia de soluções para aferir seus níveis de compreensão. A estruturação de uma aula que capacite os professores a facilitar o conteúdo e permita que os alunos progridam depois de dominarem os conceitos fomenta a ambição de aprender, em vez de apenas assinalar caixas de múltipla escolha. Costumo usar módulos bloqueados em nosso sistema de gerenciamento da aprendizagem (Canvas) que possuem autoverificações, verificações de parceiros e verificações de professores. Esses pontos de verificação forçam os alunos a manter um ritmo de trabalho que lhes seja confortável, mas que também os leve a assumir o controle da própria aprendizagem. Os pontos de verificação também me fornecem muitos dados de avaliação formativa,[1] que me ajudam a orientar minhas atividades, a conduzir pequenos grupos e a atender às necessidades dos alunos. Essa concessão de liberdade aos alunos não só reforça o conhecimento do conteúdo, mas também a consciência das próprias debilidades. E, ademais, aumenta a disposição para buscar ajuda em caso de necessidade, tanto dos colegas quanto dos professores, habilidade de que precisarão em qualquer campo de atividade.

—MORIAH WALKER, EDUCADORA DE CIBERSEGURANÇA,
LAKOTA LOCAL SCHOOLS, LIBERTY TOWNSHIP, OHIO, ESTADOS UNIDOS

---

[1] N.R.T.: Conjunto de procedimentos de avaliação, formais e informais, conduzidos por professores durante o período letivo, para modificar as atividades de ensino e aprendizagem, de modo a melhorar o desempenho e acelerar o progresso dos alunos (Wikipedia, em inglês).

CAPÍTULO 3

O Argumento para Inverter a sua Sala de Aula

A inversão da sala de aula transformou nossa prática de ensino. Não ficamos mais diante da turma falando por 30 a 60 minutos a cada vez. Essa mudança radical nos permitiu assumir um papel diferente perante os estudantes. Ambos ensinamos durante muitos anos adotando o formato discursivo. Éramos bons professores. E, de fato, Jonathan recebeu o Prêmio Presidencial por Excelência no Ensino de Matemática e Ciências, enquanto ainda adotava a metodologia clássica, e Aaron foi favorecido com a mesma homenagem pelo uso do modelo de sala de aula invertida.
Ao olharmos para trás, contudo, jamais poderíamos voltar a lecionar no estilo tradicional.

Capítulo 3 O Argumento para Inverter a sua Sala de Aula

Argumento para a Aprendizagem Invertida

A sala de aula invertida mudou não só nossa própria metodologia. Professores de todo o mundo adotaram o modelo de sala de aula invertida e o estão usando para lecionar espanhol, ciências e matemática a alunos de todos os níveis do Ensino Fundamental e Médio, assim como a adultos.

Já vimos muitos exemplos de como a inversão da sala de aula pode mudar a vida dos estudantes. Isso pode mudar as vidas dos seus estudantes também. Neste capítulo, queremos insistir nas razões pelas quais você deve pensar em inverter sua sala de aula. (Digitalize o *QR code* para acessar um vídeo que expõe um argumento em favor da aprendizagem invertida.)

A Inversão Fala a Língua dos Estudantes de Hoje

Hoje, os alunos crescem com acesso à internet em todos os lugares. Não obstante nossos possíveis questionamentos sobre as mídias sociais, é difícil imaginar o mundo sem elas. Nossos alunos estão imersos nas mídias sociais. A edição de 2012 deste livro se referia a YouTube, Facebook e MySpace como as mídias sociais mais usadas. Agora, não mais que uma década depois, MySpace é história, substituída por Instagram, X (antigo Twitter), Snapchat, TikTok e uma panóplia de outras plataformas de mídias sociais que, inevitavelmente, também ficarão obsoletas e, em algum momento, serão substituídas. Qualquer que seja a plataforma disponível, os alunos quase sempre estarão às voltas com os trabalhos de casa, enquanto trocam mensagens de texto entre si ou disparam vídeos e áudios uns para os outros, tudo isso ouvindo música e batendo papo. Muitos de nossos alunos relatam que, quando chegam à escola, precisam se desconectar e emburrecer, já que as escolas proíbem telefones celulares, *laptops* e quaisquer outros dispositivos digitais. O mais triste é o fato de que a maioria dos alunos carrega consigo dispositivos de computação mais poderosos do que grande parte dos computadores existentes em nossas escolas subfinanciadas – e ainda não lhes permitimos explorar esses recursos, que são naturalmente parte de seu dia a dia!

Quando apresentamos a sala de aula invertida aos educadores, geralmente percebemos uma reação de espanto do público, quase sempre composto de adultos que não cresceram no mundo digital. Quando começamos o processo de inversão, ficamos surpresos com a espontaneidade com que a mudança era recebida pelos alunos. Depois de duas semanas de vídeos, eles imergiam no novo método de aprendizagem e o fator-espanto desaparecia. Esses alunos compreendem com naturalidade a aprendizagem digital. Para eles, o que fazemos é falar a língua deles. E não nos interprete mal – não estamos dizendo que eles não se interessam por aprender dessa maneira, mas porque quase todas as plataformas de mídias sociais e de aprendizagem agora aceitam conteúdo de vídeo, as instruções por meio de vídeo não são grande novidade para os estudantes de hoje.

Uma preocupação que ouvimos dos adultos é que, ao inverter a sala de aula, os professores estão aumentando a exposição a telas, olhando para um dispositivo, o que agravaria o sentimento de desconexão de muitos desses adultos em relação à juventude de hoje. A isso respondemos que, em vez de combater a cultura vídeo/digital, nós a exploramos para obter melhores resultados. Acreditamos que os educadores devem abraçar e explorar a aprendizagem digital como auxiliares da aprendizagem, em vez de recomendar aos alunos que evitem as ferramentas hoje disponíveis. Parece-nos absurdo que algumas escolas ainda não tenham assentido a essas mudanças.

Ao entrar em nossas salas de aula, você verá alunos participando de várias atividades e usando diversos dispositivos digitais. Trabalham em nossos computadores, mesmo que obsoletos, usam seus *smartphones*, formam equipes explorando novidades e interagindo com o professor. Inclusive, estimulamos nossos alunos a trazerem seus próprios equipamentos eletrônicos, porque, francamente, são melhores que os recursos tecnológicos

Razões Inadequadas para Inverter a Sala de Aula

Porque alguns caras que publicaram certo livro lhe disseram para fazê-lo.
Ficamos lisonjeados com seu interesse pelo que estamos dizendo, mas não adote nenhuma estratégia didática sem antes avaliá-la com cuidado.

Porque você acha que assim estará criando uma sala de aula da era digital.
A pedagogia sempre deve induzir a tecnologia, nunca o oposto.

Porque você pensa que assim estará na fronteira avançada da tecnologia.
A inversão nem sempre usa a tecnologia mais recente e, enquanto escrevemos esta edição revisada, ela se tornou bastante popular.

Porque você supõe que a inversão da sala de aula o exime da obrigação de ser bom professor.
Lecionar é muito mais que transmitir bom conteúdo. De fato, a sala de aula invertida pode expor com muita rapidez as deficiências dos métodos didáticos.

Porque você acha que ela facilitará o seu trabalho.
A inversão não facilitará nem um pouco o seu trabalho, mas ela o tornará mais gratificante.

Capítulo 3   O Argumento para Inverter a sua Sala de Aula

antiquados da escola. Para tanto, também encorajamos as escolas que não desenvolveram iniciativas 1.1.a a adotarem políticas BYOD – *Bring Your Own Device* (traga seu próprio dispositivo).

A Inversão Ajuda os Estudantes Ocupados

Os estudantes de hoje são muito, muito, muito ocupados. Em geral, estão sobrecarregados, alternando entre diversas atividades. Nossos alunos apreciam a flexibilidade da sala de aula invertida. Como o conteúdo em si é transmitido por meio de vídeos *on-line*, eles podem optar por acelerar o próprio ritmo e avançar o programa. Jonathan tinha uma aluna que, como ginasta, participava de competições esportivas e, muitas vezes, viajava para fora de seu estado. Nessas ocasiões, perdia grande parte do conteúdo lecionado em sala de aula. No caso de ciências, porém, que adotava o modelo de sala de aula invertida, ela não se atrasava no conteúdo, pois acelerava a aprendizagem quando se aproximava a época de competições. Ao retornar às aulas, não precisava se preocupar com essa matéria, ao menos.

Aaron tinha uma aluna que era militante política estudantil. Quando se aproximava a confraternização entre alunos e ex-alunos, ela avançou a sequência dos vídeos, adiantando-se vários dias em relação à turma. Assim, usou o tempo que normalmente dedicaria às aulas de Aaron para trabalhar na organização do evento. Esses dois alunos não só aprenderam a "trabalhar com o sistema", mas também assimilaram valiosas lições de vida para administrar o próprio tempo. Tal flexibilidade seria impossível em uma sala de aula tradicional; no entanto, a inversão da sala de aula oferece bastante espaço para ajudar os alunos a descongestionarem suas rotinas.

A Inversão Ajuda os Estudantes que Enfrentam Dificuldades

Quando lecionávamos da maneira tradicional, os alunos que recebiam a maior parte de nossa atenção eram os melhores e os mais brilhantes – aqueles que levantavam a mão primeiro e faziam ótimas perguntas. Nesse contexto, o resto dos estudantes ouvia passivamente nossa conversa com os colegas mais inquisitivos. Desde que adotamos o modelo de sala de aula invertida, porém, nosso papel mudou: passamos agora quase toda a aula caminhando pela sala e atendendo os estudantes com mais dificuldade. Achamos que essa é a principal razão de os alunos progredirem mais no

28   Sala de Aula Invertida

modelo invertido. Não significa dizer que ignoramos os melhores, mas grande parte de nossa atenção já não se concentra neles. Agora, ela se dirige aos estudantes que solicitam mais ajuda.

A Inversão Ajuda Alunos com Diferentes Habilidades a se Superarem

Nossos professores de educação especial também amam esse modelo. Como toda a instrução direta é gravada, os alunos com necessidades especiais podem assistir aos vídeos tantas vezes quantas forem necessárias. Já não precisam fazer anotações apressadas, na esperança de compreenderem a matéria depois. Em vez disso, os alunos podem "pausar o professor", retroceder a aula e se empenharem de fato na apreensão dos conceitos importantes.

A Inversão Cria Condições para que os Alunos Pausem e Rebobinem o Professor

Como educadores, geralmente temos currículo e normas específicas a cumprir em nossos cursos. Os alunos devem dominar certo conjunto de conhecimentos, e sempre esperamos que compreendam nossas exposições do conteúdo. No entanto, mesmo os melhores expositores e apresentadores têm alunos que ficam para trás e não compreendem nem aprendem todo o conteúdo. Quando invertemos a sala de aula, transferimos o controle remoto para alunos. Conceder aos alunos a capacidade de pausar os professores é uma inovação realmente revolucionária.

A filha de Jonathan estava em uma das turmas do pai e, enquanto Jonathan a observava assistindo a um dos vídeos em casa, ela não se conteve e proclamou: "Amo esses vídeos". Ele lhe perguntou por quê. Ela respondeu: "Eu posso pausar você!".

Pausar o professor é um recurso poderoso por muitas razões. Obrigar todos os alunos a se sentarem em fileiras de carteiras bem arrumadas e ouvir o professor explicar com eloquência sua especialidade nem sempre é um meio eficaz de se comunicar com eles. As palestras geralmente são muito rápidas na opinião de alguns estudantes, e com muita lentidão para outros. Os aprendizes mais ligeiros compreendem rapidamente e logo ficam entediados, enquanto os estudantes mais lentos demoram mais para processar as lições. Inevitavelmente, sempre que clicamos na seta e passamos

Capítulo 3 O Argumento para Inverter a sua Sala de Aula

para o *slide* seguinte, um pequeno grupo de alunos protesta e pede que retornemos ao *slide* anterior. Quando damos aos alunos a capacidade de "pausar o professor", eles têm a chance de digerir a exposição em seu próprio ritmo. Recomendamos, em especial, aos alunos mais vagarosos que usem sem inibição o botão de retrocesso, para que ouçam nossa explicação mais uma vez e a absorvam profundamente. Se ainda assim não compreenderem, trabalharemos com eles individualmente ou em pequenos grupos na sala de aula.

Por outro lado, temos alunos que com frequência ficam enfadados porque, para eles, o professor está progredindo muito devagar. Esses alunos gostam da "função de pausa" por outras razões. São quase sempre os estudantes mais ágeis, que participam de várias atividades e esportes.

O recurso de "pausar o professor" ajuda esses alunos no gerenciamento do tempo. A filha de Jonathan se incluía em tal grupo e, por isso, gostava do botão de pausa para desdobrar a lição em segmentos mais curtos e aprender conforme sua própria programação. Temos até uns poucos estudantes que assistem a nossos vídeos com o dobro da velocidade normal, pois são capazes de processar instruções com mais rapidez do que a maioria dos colegas. Embora, nesses casos, nossa dicção pareça com a de quem tivesse inalado gás hélio, essa aceleração é, para eles, a melhor maneira de aproveitar o próprio tempo.

Esses exemplos não estão dizendo que, mesmo quando bem elaboradas, as palestras sejam sempre ruins. Significam, isso sim, que palestras bem planejadas, que admitam pausas e revisões, ao talante do aluno, transformam-se em ferramenta didática ainda mais poderosas. Geralmente, promovemos pequenas palestras para grupos de estudantes que estão enfrentando dificuldade em relação ao mesmo conteúdo. O mérito dessas pequenas palestras é estarmos oferecendo instruções "*just in time*", ou na hora certa, quando os alunos estão prontos para a aprendizagem.

A Inversão Intensifica a Interação Aluno-Professor

Uma afirmação que ouvimos com frequência é mais ou menos a seguinte: "Este é um ótimo método para o ensino *on-line*, mas não quero substituir minha sala de aula por cursos *on-line*". Embora a inversão decerto tenha grande potencial para mudar a educação *on-line*, o propósito deste livro não é promover os benefícios dessa modalidade de ensino. Ambos somos

30   Sala de Aula Invertida

professores de sala de aula, que veem os alunos todos os dias. Hoje, a maioria dos estudantes ainda frequenta escolas de tijolo e cimento, onde convivem com professores e colegas.

Modelos de Ensino Híbrido

Acreditamos que a inversão cria condições para que os professores explorem a tecnologia e melhorem a interação com os alunos. No entanto, devemos ser claros a esse respeito. Não estamos defendendo a substituição das salas de aula e dos professores de salas de aula pela instrução *on-line*. Na verdade, acreditamos com convicção que a inversão da sala de aula promove a fusão ideal da instrução *on-line* e da instrução presencial, conhecida como sala de aula "híbrida". O Clayton Christensen Institute, da Universidade Harvard, um dos principais recursos sobre aprendizagem híbrida, classificou a sala de aula invertida como subconjunto da aprendizagem híbrida (2023). (Digitalize o *QR code* para saber mais.)

Os professores desempenham papel fundamental na vida dos alunos. São mentores, amigos, vizinhos e especialistas. Manter interações face a face com os professores é experiência inestimável para os estudantes.

PADRÃO ISTE EM AÇÃO

Designer (2.5a)

A inversão da sala de aula nunca atenderá plenamente à necessidade de acompanhamento e orientação de um bom professor, mas a tecnologia pode ajudar o professor a suprir melhor as demandas de todos os alunos, de muitas maneiras diferentes. Em minhas aulas híbridas, que reúnem os alunos metade *on-line* e metade presencial, recorro a módulos de sistemas de gestão da aprendizagem para guardar o material didático do curso, como leituras e vídeos; peço, então, aos alunos para responder a um questionário *on-line* para avaliar a compreensão do material. Faço questão de incluir leituras e vídeos, e, às vezes, recursos de áudio, como *podcasts*, para atender às peculiaridades dos discentes. Os questionários *on-line* são breves avaliações formativas, de extensão indeterminada, que consistem em reiteradas tentativas de alcançar a excelência. Conseguir que os alunos explorem sozinhos, um pouco, o conteúdo antes de virem para a sala de aula contribui para absorção do material didático, de modo que, depois, em sala de aula, estejam em melhores condições de recuperar o conteúdo, durante nossas discussões presenciais. Uso uma combinação de perguntas de múltipla escolha e de respostas curtas, para promover raciocínios menos e mais complexos.

—MADELINE CRAIG, ED.D. PROFESSORA ADJUNTA, SCHOOL OF EDUCATION AND HUMAN SERVICES, MOLLOY UNIVERSITY, NOVA YORK, ESTADOS UNIDOS

A Inversão Possibilita que os Professores Conheçam Melhor seus Alunos

Nós, professores, estamos na escola não só para ensinar o currículo, mas também para inspirar, encorajar, ouvir e transmitir uma visão a nossos alunos. E isso acontece no contexto de nossas interações. Sempre acreditamos que o bom professor constrói relacionamentos com os alunos. Estes precisam na vida de modelos positivos de adultos. E, assim, desenvolvemos essas relações antes mesmo de invertermos a sala de aula, mas a inversão fortalece ainda mais os laços devido à maior interação aluno-professor.

No ano em que começamos a inversão, encorajávamos os alunos a interagir por meio de mensagens *on-line*, depois do horário escolar. Na maioria das vezes, o conteúdo dessas mensagens era (e ainda é) na linha de "Como consigo ajuda sobre o problema X?" ou "Qual é a programação para a próxima semana?". Como nós dois planejamos juntos os vídeos instrucionais, a maioria dos alunos não vê só um de nós como professor – para quase todos, nós somos seus professores. Assim, alguns alunos se dão melhor com Aaron e outros com Jonathan. Um dia, naquele primeiro ano, um dos alunos de Aaron começou a enviar mensagens para Jonathan, que, de início, eram todas sobre ciências. Em breve, o tom das mensagens mudou. Jonathan percebeu que o aluno estava precisando de ajuda e o encaminhou para a equipe de orientação. Como se veio a descobrir, o aluno fora expulso de casa e estava enfrentando graves problemas pessoais e familiares. Embora saibamos que a inversão da sala de aula não tenha em si propiciado essa aproximação, a mudança de método criou, sim, um ambiente positivo, em que o aluno em dificuldade pôde interagir com um adulto para que recebesse a ajuda necessária.

A Inversão Aumenta a Interação Aluno-Aluno

Um dos grandes benefícios da inversão é o fortalecimento das interações em geral: aluno-professor e aluno-aluno. Como o papel do professor mudou de expositor de conteúdo para orientador da aprendizagem, passamos grande parte do tempo conversando com os alunos. Respondemos a perguntas, trabalhamos com pequenos grupos e orientamos individualmente a aprendizagem de cada aluno. Quando os alunos estão trabalhando em alguma tarefa e percebemos que vários deles estão às voltas com a mesma dificuldade, reunimos espontaneamente esses alunos em um subgrupo de reforço.

Em consequência dessa mudança da função do professor, que passa a atuar mais como treinador do que apresentador de conteúdo, temos o privilégio de observar a maneira como os alunos interagem uns com os outros. Ao perambularmos pela sala de aula, nós testemunhamos a criação de seus próprios grupos de colaboração. Eles passam a se ajudar, em vez de dependerem exclusivamente do professor como único disseminador do conhecimento. É algo mágico de observar. A toda hora nos surpreendemos com o modo como nossos alunos trabalham em equipe e aprendem coletivamente.

Alguém poderia nos perguntar como é que se desenvolve uma cultura de aprendizagem. Achamos que a chave consiste em alunos que se comprometem com os objetivos da aprendizagem, em vez de apenas se esforçarem para cumprir as obrigações acadêmicas. Tentamos deliberadamente transformar nossas salas de aula em lugares onde os alunos se dediquem a atividades que consideram importantes, em vez de apenas se livrarem de obrigações. Quando demonstramos esse respeito aos alunos, eles geralmente respondem de maneira positiva. Começam a perceber – o que para alguns demora algum tempo – que estamos lá para orientá-los na aprendizagem e não para exercer autoritarismo pedagógico. Nosso objetivo é o de que os alunos aprendam tanto quanto possível e que realmente compreendam o conteúdo de nossas aulas. Quando os alunos percebem que estamos ao seu lado, eles respondem dando o melhor de si.

A Inversão Permite a Verdadeira Diferenciação

Uma das dificuldades nas escolas de hoje consiste em acomodar uma ampla variedade de habilidades em cada turma. Temos todos os tipos de alunos, contemplando desde os que superam as expectativas, passando pelos que se situam na média e os que nem sempre compreendem o conteúdo, até chegar aos que mal conseguem ler. A inversão da sala de aula nos mostrou como muitos de nossos alunos são carentes e o quão poderoso é o novo método para atender às necessidades de cada estudante, em meio a toda diversidade.

Como passamos quase todo o tempo em sala de aula caminhando entre os alunos e ajudando os que necessitam, temos condições de personalizar a aprendizagem. No caso daqueles que compreendem com rapidez o conteúdo, concluímos que, comprovada a aprendizagem, podemos diminuir a carga de trabalho para casa. É como se realizássemos diferentes contratos individuais com os alunos, cabendo a cada um deles confirmar o que foi aprendido. Os alunos gostam dessa abordagem, ao perceberem que não estamos interessados em sobrecarregá-los com tarefas, mas, sim, em que realmente aprendam o conteúdo.

No caso dos alunos que enfrentam dificuldades, buscamos a compreensão básica. Sabemos que nosso curso é complexo para muitos estudantes e que a aprendizagem não é fácil para todos. Nessas situações, geralmente pedimos a esses alunos que passem a trabalhar de maneira diferente, concentrando-se apenas nos principais problemas. Desse modo, tais alunos alcançarão os objetivos essenciais, em vez de se acuarem em alguns dos tópicos mais avançados, que geralmente apenas os confunde.

PADRÃO ISTE EM AÇÃO

Facilitator (2.6a)

Uma das vantagens do ensino invertido é transferir para o aluno a responsabilidade pelo processo de aprendizagem e liberar o professor para interagir com cada aluno ou grupo de alunos, ajudando-os na aprendizagem ativa. Esse deslocamento não só permite que os alunos aprendam de maneira mais compatível com sua índole, mas também que se engajem mais na própria aprendizagem. Quando estou promovendo a aprendizagem em sala de aula, reúno vários recursos a serem usados pelos alunos para absorver o conteúdo, em conformidade com objetivos de aprendizagem específicos. Esse processo permite que os alunos escolham o material didático de sua preferência e assumam a direção da própria aprendizagem. Essa capacidade de escolha se revela muito poderosa para a maioria dos estudantes. Tenho condições de conversar com cada aluno que precise de ajuda ou de mudança de rumo. O que geralmente constato quando a aprendizagem é promovida dessa maneira é que a apreensão do conteúdo é mais profunda do que quando transmito o conteúdo para toda a turma.

—SARA SCHOEPKE, COORDENADORA DE TECNOLOGIA INSTRUCIONAL E BIBLIOTECA DE MÍDIA, WATERFORD GRADED SCHOOL DISTRICT, WATERFORD, WISCONSIN, ESTADOS UNIDOS

A Inversão Muda a Disciplina em Sala de Aula

No modelo de ensino tradicional, alguns alunos raramente prestavam atenção às aulas. Esses estudantes, em geral, eram fonte de distração para o restante da turma e influenciavam de maneira negativa a aprendizagem de todos os colegas. Pareciam frequentemente desinteressados ou indisciplinados. Quando invertemos a sala de aula, descobrimos algo surpreendente. Como não mais nos limitávamos a nos expor diante de uma turma e discursar para os estudantes, muitos dos problemas de disciplina em sala de aula desapareceram. Os alunos que precisavam de público para as suas encenações já não contavam com a plateia. Como o tempo de aula era usado basicamente para que os alunos executassem atividades práticas ou trabalhassem em pequenos grupos, os colegas que, em geral, eram fatores de dispersão passaram a ser ignorados. Ou já não tinham público ou não mais se sentiam entediados, dispondo-se a mergulhar na proposta de aprendizagem.

Não nos entenda mal: ainda precisamos orientar os alunos. Alguns ainda apresentam mau desempenho. Porém, muitas das principais questões de disciplina em sala de aula simplesmente desapareceram.

> *A adoção da abordagem da aprendizagem invertida em minhas aulas de idiomas permitiu que meus alunos desenvolvessem mais autonomia, que assumissem mais responsabilidade pela própria aprendizagem o e que aumentassem a autoconfiança. Gravar vídeos curtos para lecionar gramática por meio de contação de histórias promoveu mais engajamento com a linguagem e exerceu efeito positivo sobre a interação professor-aluno e a relação aluno-aluno, por meio de atividades de acompanhamento em sala de aula."*
>
> —Lisa Wood, Professora (Inglês como Língua Estrangeira), Colegio Estudio, Madrid, Espanha

A Inversão Muda a Maneira como Conversamos com os Pais

Lembramo-nos da época em que participávamos de reuniões com pais e de como estes sempre nos perguntavam sobre o comportamento do filho ou da filha em sala de aula. O que realmente queriam saber era: "Meu filho/Minha filha presta atenção, é respeitoso(a), faz perguntas, e não atrapalha os colegas?". Essas questões certamente são positivas – contudo, depois de invertermos a sala de aula, passamos a ter certas dificuldades em respondê-las.

O fato é que esses pontos se tornaram irrelevantes em sala de aula. Como, agora, o foco principal dos alunos é a aprendizagem, as questões que realmente importam são as seguintes: "Os alunos estão aprendendo? Se não, o que podemos fazer para ajudá-los a aprender?". Esses são temas muito mais profundos e, quando os discutimos com os pais, deslocamos a

Capítulo 3   O Argumento para Inverter a sua Sala de Aula

atenção para os aspectos que os ajudarão a compreender como os filhos podem se tornar melhores aprendizes.

Muitas são as razões pelas quais um aluno pode não estar aprendendo bem. Por vezes, é a falta de algum conhecimento básico. Outras vezes são problemas pessoais que interferem na aprendizagem. Ou talvez o aluno esteja mais interessado em "enrolar" do que em dominar o conteúdo. Quando nós (pais e professores) conseguimos diagnosticar o porquê de o aluno não estar aprendendo, criamos condições para promover intervenções necessárias.

A Inversão Educa os Pais

Outro acontecimento surpreendente ocorreu quando começamos a conversar com os pais durante as reuniões. Muitos nos disseram que amavam nossos vídeos. Perguntamos-lhes, então: "Vocês veem os nossos vídeos?". Ocorre que muitos pais assistiam aos vídeos e aprendiam ciências junto com seus filhos. Isso gerou discussões interessantes entre filhos e pais sobre o conteúdo de nossas aulas, fato que, por sua vez, repercutiu em todo os Estados Unidos, à medida que outros professores adotavam o modelo de inversão e nos contavam histórias semelhantes de como estavam educando também a comunidade de pais.

Em uma conferência de que participamos alguns anos atrás, uma das principais palestrantes, uma professora de jardim de infância, nos contou uma história. Ela lecionava em uma escola com grande diversidade étnica, onde muitas crianças estavam aprendendo inglês. Um dos principais ingredientes para se tornar um bom leitor é o de ouvir alguém ler. Em alguns dispositivos que recebera como doação, ela gravou a própria voz e a de outras pessoas lendo livros. Estes, então, como aprendizes de inglês, levavam os dispositivos para casa, com as cópias dos livros correspondentes, para ouvir e ler, ao mesmo tempo, as histórias gravadas.

Ao receber de volta os dispositivos usados pelos alunos, ela começou a perceber que as baterias chegavam quase totalmente descarregadas. Ela sabia o quanto as baterias deveriam durar e ficou surpresa por recebê-las naquele estado. Então, durante as reuniões entre pais e professores, uma das mães pediu desculpas por esgotar a bateria do dispositivo e explicou que ela também ouvia as histórias gravadas, assim como a avó, a tia e toda a grande família. Portanto, as gravações da professora estavam educando muito mais pessoas do que ela havia esperado.

36   Sala de Aula Invertida

PADRÃO ISTE EM AÇÃO

Collaborator (2.4.d)

Os pais são participantes e colaboradores essenciais na aprendizagem do aluno em nossas salas de aula. A tecnologia pode ser muito útil para a comunicação regular com os pais, de modo a garantir a presença deles no ciclo dos acontecimentos em sala de aula. Nossos alunos chegam à escola com ampla variedade de necessidades de aprendizagem, mas os pais também precisam de diferentes maneiras de receber diferentes informações. Uso Wakelet[1] para distribuir boletins informativos semanais. Se necessário, os pais podem facilmente traduzir os boletins informativos para um idioma diferente. Ofereço diversas formas de apresentação das informações, como listas com marcadores e, às vezes, vídeos, para que os país tenham acesso a todas as informações de possam precisar para compreender o que está em curso na aula de ciências. Ao longo da semana, envio pequenos textos e lembretes pelo Remind (serviço de mensagens de texto para educadores), no intuito de mantê-los atualizados.[2]

—SAMANTHA MENDENHALL, PROFESSORA DE CIÊNCIAS (7TH AND 8TH GRADE), PORT ALLEN MIDDLE SCHOOL, PORT ALLEN, LUISIANA, ESTADOS UNIDOS

A Inversão Torna a Aula Mais Transparente

Em uma época em que parte da comunidade não confia na educação, a inversão abre as portas da sala de aula e permite a entrada do público. Nossos vídeos são postados na internet, e os pais dos alunos e outras partes interessadas têm livre acesso ao material didático. Em vez de ficarem em dúvida sobre o que os alunos estão aprendendo na escola, os pais têm acesso às nossas lições com apenas alguns cliques. Embora a pandemia da covid-19 tenha exposto algumas situações de desalinhamento entre os valores do professor e os valores da comunidade, em outras situações, o público teve a satisfação de ver o cuidado dos professores para garantir que as instruções do vídeo eram claras, respeitosas e úteis.

Queiramos ou não, as escolas estão disputando alunos. A escola em que lecionamos perde alunos para as escolas vizinhas por várias razões. Muitas dessas perdas decorrem da percepção equivocada de alguns pais de que nossa

---

[1] N.R.T.: Plataforma digital para guardar, organizar e compartilhar conteúdo de toda *web*. Disponível em: https://play.google.com/store/apps/details?id=com.wakelet.wakelet&hl=pt_BR&gl=US.

[2] N.R.T.: Disponível em: https://play.google.com/store/apps/details?id=com.remind101&hl=pt_BR&gl=US.

escola é menos acadêmica que as concorrentes. A divulgação de nossos vídeos e o esclarecimento de nossas práticas instrucionais para o público contribuíram para o retorno de alguns desses estudantes para a nossa escola.

A Inversão é uma Ótima Ferramenta na Ausência de Professores

Lecionamos em uma escola semirrural, onde é difícil conseguir professores substitutos qualificados, principalmente para aulas de química. Quando começamos a gravar nossas aulas e a postar os vídeos *on-line*, realizávamos as gravações ao vivo, em tempo real, diante dos alunos. Ocorreu-nos, então, que poderíamos pré-gravar as aulas ao sabermos quando estaríamos ausentes. Jonathan teve de comparecer a um casamento fora da cidade e achou que poderia fazer essa experiência. Sentou-se diante do computador e gravou a aula que daria em condições normais. O plano de aula do professor substituto consistiu simplesmente em ligar o projetor, abrir o arquivo de vídeo e pressionar o *play*. Os alunos tomaram suas notas como se Jonathan estivesse em sala. Não perderam nada, tiveram a aula certa no dia programado. Os alunos relataram depois como pareceu estranho ouvir a voz e ver a imagem de Jonathan, sem que ele realmente não estivesse presente na sala.

Esse método está sendo usado em todo os Estados Unidos. Um professor de Ensino Fundamental de nosso distrito, quando está ausente, grava as aulas para os alunos. Dessa maneira, garante que os alunos assistam à aula programada como se ele estivesse presente, sem necessidade de repeti-la ao voltar. Os professores substitutos apreciam esse método de ensino, já que os alunos não deixam de receber os ensinamentos que o professor titular quer transmitir. Até sabemos de professores de ciências em todo os Estados Unidos que usam nossos vídeos como planos de aula para os professores substitutos, quando precisam se ausentar.

A inversão da sala de aula foi uma enorme transformação para todos (inclusive para mim); hoje, porém, eu jamais retornaria à didática tradicional. Depois de todas as mudanças, nosso tempo de aula juntos é muito mais produtivo e personalizado, e os alunos estão aprendendo muito mais."

—Kara Street, Professora de Matemática do Ensino Médio, South Knox High School, Vincennes, Indiana, Estados Unidos

A Inversão Pode Induzir o Programa Reverso de Aprendizagem para o Domínio

Foi um pouco estranho para nós escrever este capítulo, já que não mais nos limitamos a inverter a sala de aula. Em vez disso, usamos o modelo invertido de aprendizagem para o domínio, com o qual os alunos progridem no programa didático respeitando seu próprio ritmo. Ainda assim, nem todos os alunos assistem ao mesmo vídeo na mesma noite. Assistem às aulas e aprendem as lições para dominar o conteúdo de maneira assincrônica. É importante observar que só passamos a seguir o programa reverso de aprendizagem para o domínio dois anos após o abandono do modelo tradicional. Nossa jornada se desenvolveu ao longo de vários anos e continua até hoje. Recomendamos aos interessados na reversão que façam a mudança de maneira gradual.

CAPÍTULO 4

Como Implementar a Sala de Aula Invertida

Quando conversamos com professores sobre inverter suas salas de aula – mesmo no caso de professores entusiásticos e motivados – sempre ouvimos, reiteradamente, as mesmas duas perguntas: "De onde virão os vídeos?" e "Como preencherei meu tempo de aula?". Neste capítulo, tratamos da logística para implementar a sala de aula invertida. Nós o ajudaremos a decidir qual é a melhor escolha entre produzir seus próprios vídeos ou procurar vídeos de qualidade; também lhe ofereceremos algumas dicas sobre ambas as alternativas. Finalmente, apresentaremos sugestões de professores de várias áreas de conteúdo sobre como aproveitar ao máximo o tempo adicional que você ganhou em sua sala de aula invertida.

Dever de Casa: os Vídeos

Uma tentação para professores novatos na sala de aula invertida é produzir vídeos para tudo. Quando começamos essa jornada, em 2007, realmente não tínhamos escolha, a não ser criar nosso próprio conteúdo. Não precisa dizer que hoje é grande a oferta de vídeos educativos de alta qualidade. No entanto, também se encontram por aí vídeos não tão bons. Portanto, cuidado, comprador (ou espectador).

Antes de partir para a produção de vídeos, analise cuidadosamente se essa é ou não a ferramenta adequada. Caso se confirme que o vídeo é o melhor meio, então, prossiga no planejamento e na criação (ou na busca) de um. Caso se constate que o vídeo não é a melhor escolha, não vá adiante só para se ostentar do avanço tecnológico. Agir dessa maneira seria um desserviço aos alunos e um caso típico de "uso da tecnologia por amor à tecnologia". Só adote a tecnologia se ela for a ferramenta adequada para a tarefa a ser executada. Recorra a seu julgamento profissional, converse com os colegas e mentores, e até pergunte aos alunos.

É provável que a tarefa mais difícil dos professores na tentativa de inverter a sala de aula seja produzir ou adquirir vídeos de alta qualidade. Ao fazermos nossos vídeos, nós nos sentamos em nossa sala de aula e conversamos com o computador e um com o outro. Isso é muito mais difícil do que ensinar ao vivo, diante do público. Os alunos não estão presentes e, de alguma maneira, precisamos criar uma plateia dinâmica artificial. Como não queremos aborrecer os alunos com vídeos monótonos, procuramos torná-los os mais interessantes possível. Às vezes, é preciso tentar várias vezes e dispor de muito tempo. Se você não tem tempo para produzir seus próprios vídeos, não está familiarizado com a tecnologia ou não se sente à vontade falando diante de uma tela de computador, nós o encorajamos a pensar em usar vídeos de profissionais ao implementar uma sala de aula invertida. (Se você, por outro lado, já se sente muito à vontade tanto com a tecnologia quanto a com a gravação de vídeos, talvez seja o caso de pular diretamente para a seção "Fazendo seus próprios vídeos").

Usando Vídeos de Outros Professores

Lista de Reprodução de Vídeos

Usar vídeos produzidos por outros professores em vez de gravar o seu próprio vídeo pode ser sua melhor opção ao começar a inverter sua sala de aula. Se você encontrar um professor habilidoso, que já tenha produzido vídeos sobre a disciplina que você leciona, não tenha escrúpulos, de modo algum, em usá-los. Algum tempo atrás, disponibilizamos *on-line* nossos vídeos de química. Muitos professores de química que queriam inverter a sala de aula simplesmente usaram nossos vídeos, em vez de produzir os próprios vídeos. Outros usaram nossos vídeos em algumas das salas de aula invertidas, mas criaram os próprios vídeos para outras. (Digitalize o *QR code* para verificar alguns dos vídeos recentes de Jonathan.) Com a explosão do YouTube e outros *websites* de compartilhamento de vídeos, a quantidade de vídeos disponíveis está crescendo exponencialmente. Muitos deles podem ser usados em uma sala de aula invertida. É importante observar que é preciso ser cuidadoso ao usar recursos criados por outrem, para evitar a infringência de direitos autorais. Sempre acesse os vídeos, em vez de baixá-los e distribuí-los. Ademais, se você usar qualquer conteúdo de vídeo com acesso pago, certifique-se de que você tem permissão para compartilhá-los com os alunos. Sempre reconheça os créditos devidos a terceiros e nunca distribua vídeos sem a devida autorização.

O importante é encontrar vídeos de qualidade, qualquer que seja a disciplina. Onde descobrir vídeos de boa qualidade? Não há uma resposta fácil. Dependendo do assunto, talvez você tenha de procurar muito. No entanto, o crescimento exponencial dos recursos de vídeos *on-line* gratuitos está tornando a busca cada vez mais fácil. Dito isso, encontrar vídeos que também estejam alinhados com as normas do estado e do município, ou mesmo em seu idioma, às vezes pode ser mais difícil que produzir seu próprio vídeo. Alguns canais do YouTube apresentam vídeos educativos surpreendentes, que podem ser muito úteis, mas vasculhar todo o YouTube ou o Vimeo em busca do vídeo certo talvez seja exaustivo. Felizmente, se você não quiser garimpar esses gigantescos repositórios de vídeos, há, também, alternativas educativas menos longas e mais manejáveis. A Tabela 4.1 oferece alguns pontos de partida para os professores iniciarem sua jornada de curadoria de vídeos.[1]

---

[1] N.R.T.: Curadoria de vídeo é um subconjunto da curadoria de conteúdo, que é uma estratégia envolvendo pesquisa, seleção e adaptação de materiais com a meta de se tornarem relevantes para uma audiência certa. No caso da curadoria de vídeo, o foco está em identificar, reunir, organizar e compartilhar os melhores vídeos disponíveis na internet, que sejam relevantes para o público-alvo. (Copilot do Windows e do Edge da Microsoft – IA.)

Capítulo 4   Como Implementar a Sala de Aula Invertida

Tabela 4.1 Fontes recomendadas para vídeos educacionais.

Fonte do vídeo	Descrição	QR code
PBS Learning Media	Recursos da PBS, pesquisáveis por série	
National Geographic Education	Pesquisável por série ou tópico	
Annenberg Learner	Repositório de programação sobre diversos tópicos para uso educativo	
Teachertube	Vídeos produzidos por professores para sala de aula	
Math TV	Vídeos de matemática, desde matemática básica até cálculo	
Scooltube	Vídeos criados por professores	
Canal do Jonathan no YouTube	Canal de Jonathan no YouTube com conteúdo científico e vídeos de aprendizagem invertidos	
Mr. Wootube Channel	Canal de Eddie Woo no YouTube (educador e amigo australiano), ótima fonte de vídeos sobre matemática	
Crash Course History	Canal de Hank Green no YouTube para tudo relacionado à história	

44   Sala de Aula Invertida

Produzindo Seus Próprios Vídeos

Quando falamos sobre gravar um vídeo, a maioria dos professores imagina uma câmera de vídeo apontada para eles, enquanto ensinam na sala de aula. Embora essa solução seja eficaz em alguns casos, acreditamos que há maneiras melhores de fazer vídeos para serem usados na sala de aula invertida. Usamos vários métodos para produzir vídeos educativos, dos quais os mais comuns são programas *screencasting*, ou programas de captura de tela de vídeo, como Camtasia e Screencastify. Os aplicativos de *screencasting* capturam qualquer coisa em tela, sua voz, um pequeno *feed* de *webcam* do seu rosto e quaisquer anotações de caneta digital que você fizer. O recurso da caneta digital é muito útil para as aulas que envolvem a solução de problemas matemáticos. A produção prévia de *slides* com um monte de números, para serem projetados em uma apresentação em PowerPoint, não é um recurso tão dinâmico quanto as anotações simultâneas com uma caneta digital, em tempo real, descrevendo nosso processo mental à medida que explicamos a solução do problema. Outros recursos, como PIP (*picture-in-picture*), clipes de vídeo, e muitos itens pós-produção, podem melhorar a qualidade dos vídeos.

Para mais informações e dicas sobre produção de vídeos, veja o apêndice "Melhores práticas para produzir vídeos educativos de qualidade".

PADRÃO ISTE EM AÇÃO

Designer (2.4.a)

Por certo, você não pode fazer tudo sozinho, e talvez seja exaustivo tentar produzir segmentos de vídeo para as principais áreas do seu conteúdo. A inversão é uma excelente oportunidade para colaborar com a sua equipe de ensino ou com outros professores de conteúdo.

Reunir-se com colegas, rever como abordam o mesmo conteúdo e intercambiar recursos realmente enriqueceram meu raciocínio e me ajudaram a perceber que eu não estava sozinho nesse mister! Com o passar do tempo, colaborei com outros professores de conteúdo via mídias sociais e descobri outros níveis de abordagens e recursos a ser explorados.

—JOHN PADULA, ESPECIALISTA EM INTEGRAÇÃO DE TECNOLOGIA, HOPKINTON, MASSACHUSETTS, ESTADOS UNIDOS

Tempo de Aula

Depois de inverter a sala de aula e de produzir (ou escolher) os vídeos, você se surpreenderá com o acréscimo de tempo disponível para atividades didáticas, vantagem de que você provavelmente jamais desfrutou em sua carreira de professor. Muitos anos atrás, quando fazíamos uma apresentação numa conferência na Colúmbia Britânica, um jovem professor reiterou a pergunta que todos os professores sempre fazem, depois de inverterem a sala de aula: "Se eu usar o modelo de vocês, o que farei com os alunos, todos os dias, em sala de aula?". Ela se dera conta de que passava grande parte do tempo em sala de aula diante da turma, falando para os alunos. Se toda aquela "preleção" fosse gravada, o que faria ela durante as aulas? Isso levou a uma longa conversa sobre os tipos de atividades que realmente engajariam os estudantes.

Apesar de toda a atenção dedicada aos vídeos, estes não são os maiores benefícios da sala de aula invertida. O grande ganho é o do aumento do tempo de aula, que todos os professores devem avaliar e explorar da melhor maneira possível. Como o processo de instrução direta em si foi transferido para fora da sala de aula, ao longo dos anos nossos alunos puderam se dedicar em sala de aula a atividades mais úteis e envolventes durante o tempo liberado. Professores que adotaram o modelo de sala de aula invertida usaram o tempo de aula adicional de várias maneiras, dependendo do assunto, da localidade e do estilo didático. Pedimos a alguns de nossos colegas para descreverem como mudaram o uso do tempo de aula. Eis alguns exemplos a seguir, mas nós o encorajaríamos a conferir nossa série de livros sobre assuntos específicos, para mais informações (ver iste.org/books).

Aulas de Línguas Estrangeiras

Em aulas de línguas estrangeiras, os professores gravaram lições de gramática e os temas para conversas de modo a liberar tempo de aula para a prática do idioma. Aí se incluem mais conversas, mais leituras e mais redação, tudo na língua-alvo. Visitamos uma dessas turmas, para iniciantes, e observamos os alunos praticando intensamente o espanhol. Falavam e gesticulavam conforme as instruções dos professores, que eram exclusivamente em espanhol. O professor fazia perguntas e os alunos respondiam em espanhol. Ele nos explicou como os vídeos lhe permitiram dedicar mais tempo e atenção a essas atividades envolventes em sala de aula.

Fiquei chocado ao constatar como os alunos que falavam pouco ou nenhum inglês se saíram bem em minhas aulas. Leciono muitos conceitos técnicos no departamento de tecnologia de engenharia e, quando comecei a praticar a aprendizagem invertida, as notas dos alunos de inglês dispararam.

—Jason Hlavacs Ed. D., Professor Universitário Adjunto, Triton College, Melrose Park, Illinois, Estados Unidos

Aulas de Matemática

Alguns professores estão usando o tempo de aula adicional para, de fato, ajudar os alunos a se dedicarem às análises profundas dos conceitos matemáticos. Outros estão adotando materiais manipulativos e novas tecnologias em que os estudantes se empenham não só em aprender o algoritmo do cálculo, mas também em compreender com mais profundidade as complexidades dos conceitos matemáticos. As aulas de matemática invertidas estão virando laboratórios de raciocínio computacional, de pesquisa e de inter-relação com outras áreas de ciências, tecnologia, engenharia e matemática.

Aulas de Ciências

POGIL

Uma preocupação recente sobre a sala de aula invertida é a de questionar se a inversão é compatível com uma abordagem inquisitiva do ensino de ciências. Nós, e outros professores, respondemos com um sonoro *sim*. A inversão da sala de aula de ciências libera mais tempo e oferece mais oportunidades para a aprendizagem inquisitiva. Nas aulas de ciências, os professores que fizeram a inversão têm mais tempo para engajar os alunos em atividades mais inquisitivas, e mais tempo para conduzir experimentos mais profundos. Na comunidade de educação em química, o *website* POGIL (*Process Oriented Guided Inquiry Learning*) é hoje uma ferramenta muito útil para ajudar alunos a compreenderem conceitos sem uso da instrução direta (digitalize o *QR code* para saber mais). A sala de aula invertida se ajusta sob medida a esse tipo de aprendizagem, e incluímos muitas atividades POGIL em nossas aulas. Quando uma atividade POGIL bem produzida é conduzida, os alunos aprendem tudo de que precisam por meio de atividades inquisitivas guiadas, não sendo necessário ensinar o assunto por meio de um vídeo. Nesses casos, usamos a atividade POGIL como ferramenta didática em lugar do vídeo. Descobrimos, porém, que alguns alunos ainda usam nossos vídeos instrucionais como recurso secundário.

Aulas de Ciências/Línguas/Humanidades

Os professores de ciências sociais relatam que usam o tempo extra para discutir os eventos em curso, à luz do vídeo instrucional da noite anterior. Outros estão tendo condições para se aprofundarem na análise do documento original. Dessa forma, há mais tempo para debater, discursar, para se autodefender em tribunais *pro se*, para debater o que os alunos estão aprendendo com mais profundidade, sem recear que uma conversa densa seja interrompida por uma campainha. Tem-se mais tempo para escrever, escrever, escrever, e ainda mais tempo para analisar e discutir os trabalhos uns dos outros.

Aulas de Educação Física

Ficamos surpresos ao saber que alguns dos professores mais entusiasmados com a sala de aula invertida eram os de educação física. Essa equipe dinâmica de professores percebeu que a sala de aula invertida oferecia grandes oportunidades para seus cursos. Disseram-nos que o aspecto mais importante das aulas de educação física é a movimentação dos alunos. Também se queixaram de que perdiam muito tempo ensinando aos alunos tópicos como as regras dos jogos e as técnicas necessárias. Ao produzir vídeos para demonstração de regras e técnicas, os professores habilitavam os alunos a passarem a se movimentar com mais rapidez e a participar de importantes atividades de educação física quando chegavam à sala de aula.

> *A aprendizagem invertida foi para mim como 'abrir uma janela em um quarto escuro'. Quando aprendi essa abordagem, eu já estava desistindo de minha carreira como educador, porque via que meus alunos não estavam aprendendo. Adotando a aprendizagem invertida, alcancei meus objetivos como educador e meus alunos realizaram seus objetivos de aprendizagem."*
>
> —Jonathan Da Rocha Silva, Neuroeducador, Higher Education, Group Sura, Colômbia

Aprendizagem com Base em Projetos

Outra preocupação é de questionar se a sala de aula invertida é compatível com a aprendizagem baseada em projetos. Mais uma vez, nossa resposta é um entusiástico *sim*. Adoramos a ideia da aprendizagem por descoberta, induzida pelo interesse do aluno. A maioria de nós não atua em ambiente propício para isso, mas, em termos de educação, a sedutora ideia oferece grandes benefícios. Imagine uma aula movida pelos problemas ou interesses identificados pelos alunos: os estudantes exploram um problema da vida real e desenvolvem soluções até que, de repente, percebem que precisam saber como executar determinada função matemática para aplicar o que conceberam.

A professora agora precisa decidir. Deve ela gastar o valioso tempo de aula, ensinando a função matemática a toda a turma, correndo o risco de aborrecer os alunos mais avançados e de desinteressar os alunos em dificuldade? Ou seria melhor criar um vídeo instrucional (ou talvez acessar um vídeo já existente) para oferecer aos alunos a orientação de que precisam, sem sacrificar o tempo de aula para instruções diretas? Adotar as ferramentas tecnológicas e o ensino assincrônico, que caracterizam a sala de aula invertida, com uma abordagem voltada para os alunos, para decidir o que lecionar, tende a criar um ambiente estimulante para a curiosidade. Não se precisa mais perder tempo reapresentando conceitos já bem conhecidos, que apenas devem ser relembrados, nem usar o valioso tempo em sala de aula para transmitir novo conteúdo.

Conteúdo Criado pelos Alunos

A sala de aula invertida pode oferecer aos alunos mais tempo para criar o próprio conteúdo. Os estudantes, hoje, dispõem de ampla variedade de meios para criar conteúdo e para demonstrar a compreensão de vários tópicos. Podem postar em *blogs*, produzir vídeos, criar *podcasts* e gerar muitos produtos educacionais, que os ajudam a construir o próprio conhecimento. Consideramos muito importante o conteúdo criado pelos alunos, e isso também pode ser usado em anos acadêmicos subsequentes, como conteúdo didático.

CAPÍTULO 5

A Sala de Aula Invertida de Aprendizagem para o Domínio

A aprendizagem para o domínio já existe há muito tempo. Foi lançada na década de 1920, mas recebeu pouca atenção até a década de 1960, quando foi popularizada por Benjamin Bloom (1971), que comparou as atuais instituições educacionais a uma corrida em que apenas os corredores mais rápidos são recompensados. Para ele, quase todos os estudantes podiam dominar qualquer conteúdo, desde que contassem com tempo e apoio suficientes. Quando a aprendizagem para o domínio era bem implementada, os estudos demonstravam que quase 80% dos alunos aprendiam todo o conteúdo importante, em comparação com 20% sob o modelo tradicional.

Capítulo 5   A Sala de Aula Invertida de Aprendizagem para o Domínio

A ideia básica da aprendizagem para o domínio consiste em que os alunos alcancem uma série de objetivos no próprio ritmo. Em vez de todos os alunos se engajarem nos mesmos temas, cada um se concentra na busca de determinados objetivos. A aprendizagem para o domínio é promovida por meio de um currículo escolar com determinado corpo de conhecimentos em que o domínio de um objetivo é condição necessária para o sucesso nos objetivos subsequentes.

Uma Rápida Visão Geral da Aprendizagem para o Domínio

Os principais componentes da aprendizagem para o domínio são:

- Os alunos trabalham em pequenos grupos ou individualmente, em ritmo adequado

- O professor faz a avaliação formativa e estima o grau de compreensão dos alunos

- Os alunos demonstram domínio dos objetivos, por meio de avaliações somativas. Aos alunos que não dominam determinado objetivo, oferecem-se meios de recuperação.

A maioria das pesquisas sobre aprendizagem para o domínio mostra melhoria nas realizações dos alunos. Outros resultados citados são maior cooperação entre os estudantes, aumento da autoconfiança dos alunos e nova oportunidade para que os estudantes demonstrem domínio de dado objetivo. Na década de 1970, a aprendizagem para o domínio recebeu muita atenção. Hoje, porém, o método foi em grande parte abandonado, em favor do modelo adotado na maioria das escolas tradicionais (de tijolo e cimento), que acham muito difícil implementar, na prática, o sistema de aprendizagem para o domínio. Entre as razões citadas para essa dificuldade se incluem a frequência com que os professores devem repetir os ensinamentos, a quantidade de diferentes avaliações a serem elaboradas e a complexidade de avaliar tantos objetivos ao mesmo tempo.

Há muito nos afastamos, porém, das décadas de 1960 e 1970. A explosão da tecnologia facilitou a superação de muitos dos obstáculos à aprendizagem para o domínio. Basicamente, o que fizemos foi explorar a tecnologia para possibilitar a aprendizagem para o domínio. Nossos vídeos pré-gravados criaram um ambiente em que o ônus da repetição foi transferido para os

52   Sala de Aula Invertida

alunos, conforme as próprias necessidades. Não mais precisa o professor repetir pessoalmente todos os tópicos. Os alunos podem simplesmente ver e rever o vídeo, ou se aprofundarem no conteúdo. Assim, o professor tem condições de se dedicar aos alunos que mais precisam de instrução adicional individual.

PADRÃO ISTE EM AÇÃO

Analyst (2.7b)

A inversão de uma sala de aula de aprendizagem para o domínio ficou cada vez mais fácil à medida que as ferramentas tecnológicas emparelham com a visão e a criatividade do professor. Não só a rápida disponibilidade de vídeos educativos para uso e compartilhamento pelos professores via YouTube, mas também os processos de produção de vídeos em si podem ser simplificados ou ampliados, a critério do professor, com ferramentas como Screencastify e WeVideo. Todavia, mais importante que a simplicidade do uso ou da produção de vídeos pelos professores, o processo de aprendizagem também se torna mais fácil com a tecnologia de hoje. Por exemplo, ao treinar professores sobre melhores práticas educativas, eu os encorajo a usar Formulários Google como comprovantes de entrada ou saída como estratégia de agrupamento. Os professores podem pedir aos alunos para responder a perguntas, para completar tarefas simples ou para avaliar a própria compreensão de um padrão, para agrupar os alunos de maneiras criteriosas. Além das ferramentas do Google, há outras adotadas em nosso distrito, como Canvas e os itinerários de domínio, usados em seus módulos, ou Nearpod, para fornecer dados em tempo real durante uma apresentação. Com essas ferramentas, consigo ajudar os professores a encontrar maneiras de realizar avaliações formativas dos alunos e usar os dados assim usados para elaborar suas instruções na sala de aula invertida. Depois que os professores desenvolvem suas abordagens para ensinar aos alunos determinado padrão, eles poderão produzir ou acessar vídeos que apoiem a aprendizagem dos alunos. Assim, os professores podem oferecer ferramentas que incentivem o crescimento sem comprometê-lo por ser o conteúdo muito simples ou complexo.

—TIFFANY REXHAUSEN, ESPECIALISTA EM INOVAÇÃO, LAKOTA LOCAL SCHOOLS/LIBERTY JUNIOR SCHOOL, LIBERTY TOWNSHIP, OHIO, ESTADOS UNIDOS

Também exploramos a tecnologia para resolver o problema dos muitos exames necessários para a adoção do modelo de aprendizagem para o domínio. Todas as nossas avaliações são administradas por meio de computadores. Cada aluno é avaliado de maneira diferente, conforme as suas características e necessidades; no entanto, adotam-se como critérios os mesmos objetivos. Além disso, os estudantes recebem versões diferentes do exame, sempre que são avaliados. A tecnologia disponível torna muito mais fácil a multiplicidade de avaliações. O tempo necessário para dar notas a essas avaliações é muito reduzido também, pois a maioria das questões é aferida pelo computador. Elimina-se, assim, a insegurança de verificar manualmente aquelas montanhas de papéis. Esta seção serve somente como uma breve introdução à sala de aula invertida para o domínio. Para um guia passo a passo sobre como implementar a aprendizagem para o domínio e para a competência em sua sala de aula, consulte o livro de Jonathan *The Mastery Learning Handbook: A Competency-Based Approach to Student Achievement* (2002).

O que É a Sala de Aula Invertida de Aprendizagem para o Domínio

Aula de Domínio em Ação

A sala de aula invertida de aprendizagem para o domínio associa os princípios da aprendizagem para o domínio à tecnologia de informação para criar um ambiente de aprendizagem sustentável, replicável e gerenciável. Ao entrar em uma de nossas salas de aula, você se surpreenderá com o volume de atividades assíncronas – todos os alunos trabalham em tarefas diferentes, em momentos diferentes, empenhados e engajados na própria aprendizagem. Alguns fazem experimentos ou desenvolvem pesquisas, outros assistem a vídeos em seus dispositivos pessoais ou nos fornecidos pela escola, outros se reúnem em equipes para dominar objetivos, alguns interagindo em quadros brancos ou desenhando em mesas, outros estudando em pequenos grupos e ainda outros fazendo avaliações no sistema de gestão de aprendizagem da escola. Você também verá alguns alunos trabalhando individualmente ou em pequenos grupos com o professor. (Para ver esse processo em ação, digitalize o *QR code* e assista a um vídeo de três minutos de uma aula recente de Jonathan.)

>
> *Já tendo aplicado a aprendizagem invertida em salas de aula há mais de 20 anos, concluí que ser capaz de diferenciar a aprendizagem, manter as aulas centradas nos alunos e oferecer flexibilidade a eles têm sido muito mais fácil agora do que as atividades em grupo que caracterizam o ambiente de ensino tradicional. Os estudantes que precisam de mais tempo para processar o material ganharam com a disponibilidade de recursos todos os dias, a qualquer hora, e demonstraram nível mais elevado de aplicação na sala de aula."*
>
> —Jeff Renard, Fundador, Vermont Virtual Learning Cooperative, K–12 Statewide Online School, Vermont, Estados Unidos

Se assistir a toda a aula, você observará algumas características interessantes: no começo da aula, organizamos os alunos. Verificamos quem precisa de alguma atividade de laboratório, quem deve fazer um exame e quem necessita de reforço em algum objetivo específico. Conversamos com todos os estudantes, em todas as aulas, todos os dias. Se um aluno ou um grupo de alunos estiver pronto para um experimento, passamos alguns minutos discutindo com eles os aspectos essenciais da atividade, os principais pontos de segurança e o que eles devem ou não devem buscar. Se determinados alunos estiverem prontos para assistir a uma demonstração de ciências, formamos um grupo, demonstramos o princípio e depois promovemos uma análise pós-demonstração. Se constatarmos que certos alunos estão enfrentando dificuldades em relação a determinados objetivos e precisam de ajuda, trabalhamos com eles no quadro branco, ou simplesmente em uma mesa redonda de discussões. Se um aluno tiver dificuldade em demonstrar domínio em qualquer objetivo na avaliação somativa, analisamos com ele suas tentativas anteriores e lhes oferecemos orientação individualizada para aumentar as chances de sucesso nas próximas avaliações. Às vezes, nessas situações, também propomos ao aluno com dificuldade formas alternativas de avaliação ou o estimulamos a propor uma maneira diferente de confirmar o domínio do objetivo.

Você poderia perguntar como conseguimos fazer tantas coisas com tantos alunos diferentes ao mesmo tempo. Francamente, essa é a parte mais difícil. Estamos sempre nos movimentando pela sala, dando atenção a quem precisa e garantindo que todos os alunos estejam aprendendo o que precisam, quando precisam. Denominamos esse processo "circo de aprendizagem de três picadeiros", pelo fato de tantas tarefas diferentes estarem em execução ao mesmo tempo. Ao nos lembrarmos de um dia típico, porém, concluímos que também poderíamos compará-lo a um "circo de aprendizagem de dez picadeiros". Lecionar conforme o modelo invertido de aprendizagem para o domínio é cansativo, e a mente se desloca o tempo todo de um tópico para outro e de uma atividade para a seguinte.

Para atuar de forma eficaz como professor no contexto reverso de aprendizagem para o domínio, consideramos indispensáveis algumas características:

O professor deve dominar o conteúdo. O professor que não for proficiente no conteúdo não poderá atuar em uma sala de aula invertida de aprendizagem para o domínio. A capacidade mental de passar de um tópico para outro é imprescindível e a compreensão abrangente das interconexões das diferentes partes do conteúdo é essencial.

O professor deve ser capaz de admitir quando não sabe a resposta para as perguntas dos alunos e precisa estar disposto a pesquisar a resposta com eles. O orgulho apenas retardará o trabalho do professor e prejudicará a aprendizagem pelo aluno. O professor deve aproveitar essas oportunidades para demonstrar o que significa ser aprendiz: o professor é o principal aprendiz na sala de aula. Compete-lhe mostrar aos alunos o que fazem os adultos quando não sabem a resposta, ensiná-los a colaborarem entre si, e orientá-los no vasto oceano de informações em que navegamos em nosso mundo interconectado.

O professor deve ser capaz de se movimentar durante toda a aula de maneira não linear. Todos os alunos se encontram em diferentes estágios de domínio e de compreensão dos objetivos de aprendizagem, cabendo ao professor se conectar com os alunos onde quer que estejam. O modelo de aprendizagem para o domínio depende totalmente da capacidade do professor de interagir com os alunos nas respectivas áreas de necessidade, e não de os alunos necessariamente se relacionarem com o professor em determinado ponto do currículo.

O professor precisa renunciar ao controle do processo de aprendizagem pelos alunos. Isso pode ser difícil para muitos professores. Se você sentir que precisa exercer controle completo sobre tudo que acontece em sua sala de aula, então a aprendizagem para o domínio não funcionará para você. Todas as salas de aula de aprendizagem para o domínio envolvem certo nível de caos, o que é positivo, pois confere aos alunos mais controle sobre a própria aprendizagem.

PADRÃO ISTE EM AÇÃO

Analyst (27.b)

Uma ferramenta digital que adoro usar para inverter a aprendizagem e incorporar avaliações é o Quizzizz. Esse recurso me ajuda a programar uma aula com farto material didático, como *slides*, vídeos, imagens, *links*, e outros, além de possibilitar a inclusão de questionários para verificar a compreensão do conteúdo pelos alunos. Muitos são os tipos de perguntas para atender às diferentes necessidades de aprendizagem: múltipla escolha, preenchimento de lacunas, desenho, perguntas abertas, resposta em áudio, resposta em vídeo e muito mais.
Para mim, os Formulários Google têm sido outra maneira muito eficaz de avaliar a

aprendizagem. Também uso o Mote, extensão e aplicativo do Google, para incluir recursos de áudio em meus formulários, de modo que a legibilidade não seja uma barreira para aferir a compreensão do aluno. O Mote cria *links* de áudio que podem ser incorporados em cada área de texto do formulário. Esse recurso é sobremodo útil para alunos no início do Ensino Fundamental, que estão começando a ler. O Mote também pode ajudar muito os professores a compartilhar instruções em áudio de modo a orientar os alunos nas lições. Muitas são as ferramentas digitais hoje disponíveis para apoiar os professores e os estudantes no processo de avaliação. Essas são duas das minhas favoritas.

—SARA SCHOEPKE, COORDENADORA DE TECNOLOGIA INSTRUCIONAL E BIBLIOTECA DE MÍDIA, WATERFORD GRADED SCHOOL DISTRICT, WATERFORD, WISCONSIN, ESTADOS UNIDOS

Componentes da Sala de Aula Invertida de Aprendizagem para o Domínio

A aprendizagem invertida para o domínio parece cansativa, e talvez você esteja supondo que ela exige muito trabalho. Desdobremos, pois, o processo e identifiquemos os fatores mais importantes que contribuem para a sua eficácia. Quatro são os principais componentes da sala de aula invertida de aprendizagem para o domínio a serem desenvolvidos antes de se iniciar o processo.

1) Você deve definir objetivos de aprendizagem claros. Os objetivos são os resultados almejados na aprendizagem de cada aluno. Use as normas estaduais, as políticas nacionais e seus melhores critérios profissionais para determinar o que você quer que os alunos saibam e façam.

2) Determine quais desses objetivos se alcançam com mais eficácia por meio de pesquisas ou a partir de instrução direta. Disponha de vídeos ou encontrar leituras pertinentes para os objetivos que serão mais factíveis com base em instrução direta. Para tanto, você terá de produzir os próprios vídeos/textos ou adquirir vídeos/textos que ensinem o conteúdo da maneira que lhe parecer mais adequada. Lembre-se de que, com o passar do tempo, cada vez mais professores adotarão algum tipo de modelo invertido. Como muitos desses professores estão oferecendo seus vídeos pela internet afora, talvez você não precise produzir todos os seus próprios vídeos. Caso a produção de vídeos lhe pareça tarefa assustadora, encontre alguém que os produza para você, conforme suas especificações.

Depois de ter produzido ou escolhido os vídeos, você terá de garantir aos alunos acesso a eles. A maioria dos professores posta os vídeos em *sites* como

YouTube e usam *software* de rastreamento de vídeo, como Edpuzzle (edpuzzle.com), Perusall (perusall.com) e Actively Learn (activelylearn.com). Como trabalhamos com escolas em todo o mundo, descobrimos que a melhor solução é as escolas selecionarem uma ferramenta para interação com vídeo e persistirem em sua aplicação. O excesso de escolhas de ferramentas para os alunos é fonte de grande sobrecarga cognitiva. Escolher uma única ferramenta também simplifica o desenvolvimento profissional para a escola. Falaremos mais sobre esses assuntos no Capítulo 7, que trata dos detalhes do modelo invertido de aprendizagem para o domínio.

> Em meu papel como professor, a aprendizagem invertida ajudou a alavancar meu tempo de aprendizagem em sala de aula da melhor maneira possível, criando condições para que eu concentrasse o foco nas coisas importantes (relacionamento com os alunos e resposta a perguntas em sala de aula). Em minha função como administrador, continuo a aplicar as estratégias para orientar meu pessoal nas melhores práticas. Especificamente, o uso do tempo em sala de aula para ajudar a desenvolver relacionamentos e lecionar a parte 'substanciosa' do conteúdo."
>
> —Delia Bush, Assistente, Hudsonville High School, Hudsonville, Michigan, Estados Unidos

3) Você precisa desenvolver atividades de aprendizagem cativantes a serem executadas em sala de aula. Criamos um pacote para cada unidade, que abrange notas de acompanhamento para o vídeo, todos os experimentos a serem feitos pelos alunos e todas as planilhas sugeridas.

4) Você deve criar várias versões de cada avaliação somativa para que os alunos demonstrem o domínio de cada objetivo de aprendizagem em determinada unidade de estudo. Isso se faz com mais eficiência e eficácia por meio do uso de um banco de testes em um sistema de avaliação gerado por computador. Praticamente todos os principais sistemas de gerenciamento de aprendizagem oferecem esse importante recurso. Atualmente, Jonathan está usando D2L (d2l.com), mas você pode facilmente usar Moodle (moodle.org), Blackboard (blackboard.com), Schoology Learning (powerschool.com/classroom/schoologylearning) ou Canvas (instructure.com/canvas). Semelhante a qualquer ferramenta de vídeo que você usa, a sua escolha específica não é muito relevante. O importante é que a escola use uma ferramenta de vídeo e se atenha a ela (mais informações no Capítulo 7).

PADRÃO ISTE EM AÇÃO

Analyst (2.7b)

Uma ferramenta que uso com frequência em minha sala de aula é Nearpod, que me oferece numerosas oportunidades para avaliar ou aferir a compreensão dos alunos em minhas aulas de ciências do Ensino Médio. No começo das aulas, lanço alguma pegadinha motivacional que remeta à aula anterior. Esse recurso me ajuda a verificar se os alunos estão mantendo a aprendizagem. As perguntas também variam (múltipla escolha, arraste e solte, seleção múltipla, redação etc.) para garantir que os alunos estejam familiarizados com os tipos de perguntas que enfrentarão. Durante minhas aulas, aplico exercícios de avaliação formativa, que variam no estilo. Os alunos têm a oportunidade de responder de várias maneiras diferentes, com base nas modalidades com que se sentem à vontade. Alguns preferem digitar suas respostas e outros são melhores na expressão oral das respostas. Repito esse procedimento no fim da aula. Elaboro uma ou duas perguntas referentes ao objetivo para aferir a compreensão. E, assim, desenvolvo várias maneiras para que os alunos demonstrem a compreensão do conteúdo, mediante o uso do Nearpod.

—SAMANTHA MENDENHALL, PROFESSORA DE CIÊNCIAS (7TH AND 8TH GRADE), PORT ALLEN MIDDLE SCHOOL, PORT ALLEN, LUISIANA, ESTADOS UNIDOS

No começo de cada pacote de unidade, incluímos um guia de organização que contém uma lista de objetivos, os vídeos correspondentes, as leituras dos livros-textos, as atividades de aprendizagem e as atividades de laboratório. Este guia organizacional é como um mapa rodoviário até a unidade, que orienta os alunos no estudo da unidade e lhes oferece um arcabouço apropriado e atividades de apoio para alcançar cada objetivo de aprendizagem. A Figura 5.1 é uma amostra de um desses guias, e a Figura 5.2 é um exemplo de um guia organizacional com um *checklist* para que os estudantes acompanhem seu progresso.

Capítulo 5   A Sala de Aula Invertida de Aprendizagem para o Domínio

GUIA ORGANIZACIONAL PARA OBJETIVOS E ATIVIDADES

ATÔMICA 1

Objetivo: ser capaz de expor a história da teoria atômica.

Referência: Vídeo 1; Texto 5.1; Planilha Teoria Atômica 1.

Atividades exigidas: demonstração do tubo de raio catodo (não incluído no pacote – procurar o professor).

ATÔMICA 2

Objetivo: ser capaz de determinar o número de prótons, nêutrons e elétrons, e nomear um átomo.

Referência: Vídeo 2; Textos 5.2 e 5.3; Planilha Teoria Atômica 2.

ATÔMICA 3

Objetivo: compreender os conceitos de massa atômica, isótopos e massa atômica média.

Referência: Vídeo 3; Texto 5.3; Planilha Teoria Atômica 3.

Atividades exigidas: experiência de laboratório com "vegium" (elemento fictício).

ATÔMICA 4

Objetivo: compreender a estrutura básica da tabela periódica.

Referência: Vídeo 4; Texto 5.4; Planilha Teoria Atômica 4.

Atividades exigidas: anotar sua tabela periódica.

ATÔMICA 5

Objetivo: ser capaz de explicar os modelos do átomo.

Referência: Vídeo 5; Planilha Teoria Atômica 5.

Atividades exigidas: experiência de laboratório com o tubo misterioso (não incluído no pacote – procurar o professor).

ATÔMICA 6

Objetivo: explicar o atual modelo do átomo, em suas relações com os elétrons, na perspectiva da mecânica quântica.

Referência: Vídeo 6; Texto 13.2; Planilha Teoria Atômica 5.

Atividades exigidas: planilha de Teoria Atômica 6.

ATÔMICA 7

Objetivo: ser capaz de descrever as configurações e as notações orbitais dos elétrons de qualquer elemento.

Referência: Vídeo 7; Texto 13.2; Planilha Teoria Atômica 7.

ATÔMICA 8

Objetivo: explicar a natureza ondular da luz.

Referência: Vídeo 8; Texto 13.3; Planilha Teoria Atômica 8.

ATÔMICA 9

Objetivo: explicar como a luz revela a "posição" dos elétrons nos átomos.

Referência: Vídeo 9; Texto 13.1; Planilha Teoria Atômica 9.

Atividades exigidas: teste da chama em laboratório, "E então fez-se a luz".

ATÔMICA 10

Objetivo: calcular o comprimento de onda, frequência, energia e "cor" da luz.

Referência: Vídeo 10; Texto 13.3; Planilha Teoria Atômica 10.

ATÔMICA 11

Objetivo: ser capaz de comparar os tamanhos dos átomos e íons.

Referência: Vídeo 11; Texto 14.2; Planilha Teoria Atômica 11.

ATÔMICA 12

Objetivo: comparar as energias de ionização de diferentes átomos.

Referência: Vídeo 12; Texto 14.2; Planilha Teoria Atômica 12.

ATÔMICA 13

Objetivo: comparar a eletronegatividade de diferentes átomos.

Referência: Vídeo 13; Texto 14.2; Planilha Teoria Atômica 13.

Atividades exigidas: atividade gráfica da periodicidade.

Figura 5.1   Amostra de guia organizacional de objetivos e atividades.

60   Sala de Aula Invertida

A Sala de Aula Invertida de Aprendizagem para o Domínio   Capítulo 5

	OBJETIVO	PROVA DA COMPREENSÃO
6.1	O que é mol?	• Vi e tomei notas detalhadas no vídeo 6.1 (5 min) • Concluí o WS 6.1 • Concluí o Laboratório Penny • Passei na Verificação de Domínio
6.2	O que é massa molar? Ser capaz de calcular a massa molar dos compostos.	• Vi e tomei notas detalhadas no vídeo 6.2 (8 min) • Concluí o WS 6.2 • Passei na Verificação de Domínio
6.3	Ser capaz de fazer conversões paras mol em uma etapa.	• Vi e tomei notas detalhadas no vídeo 6.3 (10 min) • Concluí o WS 6.3 • Passei na Verificação de Domínio
6.4	Ser capaz de resolver problemas de várias etapas.	• Vi e tomei notas detalhadas no vídeo 6.4 (10 min) • Concluí o WS 6.4 • Concluí o Laboratório Mol • Passei na Verificação de Domínio
6.5	Compreender a composição percentual e ser capaz de determinar a composição percentual dos compostos.	• Vi e tomei notas detalhadas no vídeo 6.5 (10 min) • Concluí o WS 6.5 • Passei na Verificação de Domínio
6.6	Dada a massa ou porcentagem, ser capaz de determinar a fórmula empírica de um composto.	• Vi e tomei notas detalhadas no vídeo 6.6 (10 min) • Concluí o WS 6.6 • Concluí o Laboratório de Fórmula Empírica • Passei na Verificação de Domínio
6.7	Dada a massa molar de um composto, ser capaz de determinar a fórmula molecular de um composto.	• Vi e tomei notas detalhadas no vídeo 6.7 (10 min) • Concluí o WS 6.7 • Passei na Verificação de Domínio

Figura 5.2 Este exemplo de guia organizacional lista cada objetivo, e os alunos podem usar a segunda coluna para ticar e excluir itens, à medida que os completam e os dominam e, então, demonstrar seu nível de compreensão aos professores.

Sala de Aula Invertida   **61**

CAPÍTULO 6

Em Defesa do Modelo Invertido de Aprendizagem para o Domínio

Agora que já se familiarizou com o modelo invertido de aprendizagem para o domínio, é provável que você esteja indagando por que adotá-lo. Talvez lhe pareça que ele exige muito esforço de implementação e é possível que você não esteja totalmente convencido de que ele seja eficaz em seu caso. Quase todas as razões que apresentamos no Capítulo 3 sobre por que colocar em prática a sala de aula invertida também se aplicam aqui, mas o modelo invertido de aprendizagem para o domínio talvez produza ainda mais benefícios que a simples inversão da sala de aula em si. O modelo invertido de aprendizagem para o domínio transformou completamente nossos métodos didáticos, nossas ideias sobre educação e nossas interações com os alunos. Apresentamos a seguir uma lista das razões pelas quais jamais poderíamos retornar ao modelo de ensino mais tradicional.

O Modelo de Aprendizagem para o Domínio Ensina os Alunos a Assumirem Responsabilidade pela Própria Aprendizagem

Quando começamos a desenvolver o modelo invertido de aprendizagem para o domínio, não percebemos como ele mudaria completamente todos os aspectos de nossa vida profissional. Nossas salas de aula agora são laboratórios de educação nos quais os alunos assumem responsabilidade pela própria aprendizagem. Quando lecionávamos com base no modelo tradicional, os alunos se limitavam a "esperar e receber". Esperavam que lhes disséssemos o que aprender, como aprender, quando aprender e como demonstrar o que aprenderam. Para alguns alunos, o método funcionava, mas, para outros, somente os deixava desmotivados e perdidos.

Com o modelo invertido de aprendizagem para o domínio, o ônus da aprendizagem é totalmente dos alunos. Para alcançarem o sucesso, os estudantes devem se responsabilizar pela própria aprendizagem. Alguns alunos estão sendo incumbidos, pela primeira vez, de tomarem posse da própria educação. A aprendizagem não mais se impõe à sua liberdade; mas, em vez disso, é um desafio a ser enfrentado e explorado. Na medida em que o professor renuncia ao controle do processo de aprendizagem, o aluno assume as rédeas e o processo de educação se transforma em uma conquista a ser empreendida por seus próprios méritos e esforços.

No começo de um ano letivo, Jonathan tinha uma aluna que só queria esperar e receber – porque era fácil e porque era exatamente o tipo de escola com a qual se acostumou. Ela estava fisicamente presente na escola, mas, na opinião dela, a aprendizagem comprometia a sua vida social. Ela só queria passar de ano com o mínimo de esforço e com as menores notas. Talvez até conseguisse agir assim no modelo tradicional, mas, sob a aprendizagem invertida para o domínio, ela sempre precisava demonstrar sua compreensão ao professor. Com o passar do tempo, ela concluiu que as atividades escolares seriam mais fáceis e menos demoradas se ela se empenhasse em aprender logo na primeira vez em que se deparasse com uma nova atribuição. No entanto, embora fosse capaz, não demonstrava muito interesse. Mais ou menos por volta de fevereiro, ela finalmente concluiu que a aprendizagem justificava o tempo e o esforço necessários e optou por priorizar a aprendizagem. Ao se dar conta disso, começou a se antecipar nas tarefas, a assistir aos vídeos com antecedência e a se engajar integralmente no processo de aprendizagem. Em consequência, as perguntas que fazia aos professores sobre cada vídeo se aprofundavam cada vez mais e, no cômputo geral, ela se tornou uma das melhores alunas de Jonathan.

PADRÃO ISTE EM AÇÃO

Facilitator (2.6.a)

Como *coach* em educação, observei que a aprendizagem para o domínio padece de má reputação entre os professores. Eles têm muitas dúvidas, do tipo "O que acontece quando os alunos avançam demais?" e "Como conduzo a aula se cada aluno progride em seu próprio ritmo?". No entanto, por mais estranho que pareça, seguir a abordagem do domínio em minha própria sala de aula provavelmente salvou minha carreira, porquanto eu estava a ponto de sofrer uma síndrome de esgotamento profissional.[1] Como eu estava oferecendo aos alunos *feedback* em tempo real, aqui e agora, à medida que concluíam as tarefas ou atividades, minhas avaliações se tornaram muito mais manejáveis. Não mais levava para casa pilhas de papéis para correção e avaliação. Minha primeira camada de intervenção também ficou muito mais gerenciável, na medida em que eu trabalhava com indivíduos ou pequenos grupos no processo de *feedback*, para ajudá-los a compreender os conceitos. Ao integrar o método didático da sala de aula invertida com a aprendizagem para o domínio, criei condições para me desdobrar, até certo ponto, de modo a me liberar para oferecer apoio aos alunos, com didática e *feedback*. Algo que percebi em meus alunos com a aprendizagem para o domínio é que eles ficaram mais interessados em aprender. Isso porque os alunos dispunham de alguns elementos de escolha, desfrutavam mais da minha atenção pessoal e podiam avançar em seu próprio ritmo. A fluidez da aprendizagem para os alunos é importante porque se um estudante compreende alguma coisa com mais rapidez que outros, ele se sente entediado e seu comportamento pode tornar-se preocupante. Por outro lado, ao se sentir pressionado, o aluno desiste ou rapidamente se considera derrotado, também se tornando motivo de preocupação. Quando todos os alunos estão altamente interessados e engajados no processo de aprendizagem, os comportamentos extratarefa são minimizados.

—TIFFANY REXHAUSEN, ESPECIALISTA EM INOVAÇÃO, LAKOTA LOCAL SCHOOLS/LIBERTY JUNIOR SCHOOL, LIBERTY TOWNSHIP, OHIO, ESTADOS UNIDOS

Essa história não é atípica. De início, os alunos ficam em dúvida sobre "o que há de novo" nesse sistema incomum. Mas, à medida que o adotam, começam a compreender com mais maturidade a natureza da aprendizagem, do conhecimento e de seu papel na educação. A maioria de nossos alunos de

---

[1] N.R.T.: Para mais informações sobre a síndrome de *burnout* ou síndrome de esgotamento profissional, acesse o *site* https://www.gov.br/saude/pt-br/assuntos/saude-de-a-a-z/s/sindrome-de-burnout.

Capítulo 6   Em Defesa do Modelo Invertido de Aprendizagem para o Domínio

ciências não se tornam cientistas, nem engenheiros, nem médicos – mas, quando os ensinamos a assumir responsabilidades pela própria aprendizagem, também lhes ensinamos uma das mais valiosas lições da vida.

O Modelo de Aprendizagem para o Domínio Cria uma Maneira de Personalizar e de Diferenciar com Facilidade a Sala de Aula

Francamente, não tínhamos ideia do que aconteceria quando adotamos o modelo invertido de aprendizagem para o domínio. Não pesquisamos a literatura, nem fizemos estudo de caso. Tampouco consultamos a administração da escola. Como achávamos que seria bom para os alunos, simplesmente embarcamos. Mal percebíamos que tínhamos nos deparado com uma maneira fácil de personalizar e de diferenciar a sala de aula para todos os alunos.

"Diferenciação" hoje é o jargão da moda na comunidade educacional. Quando conversamos com professores em todo os Estados Unidos, quase todos admitem que não estão diferenciando tanto quanto gostariam por não terem condições físicas para atender às necessidades individuais de todos os alunos. Com turmas grandes e tempo limitado, eles se sentem oprimidos. Admitem que lecionam para o aluno médio. Se ensinam a matéria com muita rapidez, muitos ficam para trás; se seguem devagar demais, os mais rápidos se sentem entediados.

A aprendizagem invertida para o domínio permite a assincronia, possibilitando a diferenciação do ensino para cada aluno. O ritmo da aula se torna adequado às condições individuais, personalizando a aprendizagem. Por exemplo, Rachel, futura engenheira, trouxe para o professor uma tarefa que havia concluído, para demonstrar que dominara um objetivo. Ela era uma de nossas melhores alunas, planejava cursar uma faculdade competitiva e queria mudar o mundo da engenharia. Se descobríssemos algum erro no trabalho dela, por mais insignificante que fosse, nós o devolvíamos com alguma observação, para que ela identificasse e corrigisse a falha. Por outro lado, se Sally, que tinha muita dificuldade em química, apresentasse a mesma tarefa ao professor para comprovar o domínio de um objetivo, adotávamos outro padrão. Primeiro, verificávamos a compreensão básica, que lhe possibilitaria ser bem-sucedida nos objetivos seguintes. Se ela tivesse atingido esses requisitos mínimos, provavelmente desprezaríamos os deslizes menos importantes.

66   Sala de Aula Invertida

Devemos salientar algumas características desse sistema. Somos muito cuidadosos em não deixar que os alunos avancem sem compreenderem muito bem os objetivos essenciais. Qualquer concessão contrária seria contribuir para o fracasso deles no futuro. Além disso, admitir essa hipótese equivaleria a prejulgar os alunos no começo do ano, enquadrando-os em nichos arbitrários, e a avaliá-los apenas com base em nossos preconceitos.

No modelo invertido de aprendizagem para o domínio, interagimos com os alunos de maneira tão regular e, portanto, os conhecemos tão bem que mudamos constantemente nossas expectativas a respeito de cada um deles, à medida que amadurecem como cientistas e aprendizes. Sabemos que os alunos não são máquinas programáveis e que chegam à escola com diferentes antecedentes e necessidades. Nosso trabalho como professores exige que sempre consideremos essas características específicas e que os orientemos para alcançar os fins almejados, de maneira significativa para cada um. Na essência, essas avaliações diferenciadas, informais e formativas são diferentes em cada caso, e nossas expectativas mudam todos os dias.

O Modelo de Aprendizagem para o Domínio Desloca a Aprendizagem para o Centro da Sala de Aula

Entre em uma sala de aula em que o professor esteja em pé, à frente, diante dos alunos, fazendo-lhes uma preleção. Qual é o centro das atenções nessa sala de aula? É o professor. Se o professor for dinâmico e capaz de transmitir um tema com clareza, os alunos ficam felizes. Mesmo nesse caso, porém, o foco da sala de aula ainda é o professor.

"O propósito de ir à escola é aprender." Essa observação, feita por um aluno nosso, chega ao âmago da aprendizagem invertida para o domínio. Nossas turmas se tornaram laboratórios de aprendizagem onde todo o foco da sala de aula se concentra no que os alunos aprenderam ou não aprenderam. Não nos limitamos mais à exposição do conteúdo, à oferta de algumas oportunidades adicionais de aprendizagem, à aplicação de testes de verificação e à espera passiva pelo melhor. Em vez disso, os alunos chegam à sala de aula com o propósito expresso de aprender. Oferecemos todas as ferramentas e materiais didáticos e os apoiamos por todos os meios possíveis, ajudando os estudantes a desenvolverem um plano de *como* e *quando* dominar o conteúdo. O restante cabe aos alunos.

Capítulo 6   Em Defesa do Modelo Invertido de Aprendizagem para o Domínio

Nossa aula é mais uma conversa que uma simples pregação. Esperamos que os alunos compareçam às aulas e continuem o processo de aprendizagem até evidenciarem o domínio dos objetivos. Quando o processo de aprendizagem se torna o centro da sala de aula, os alunos trabalham com o mesmo afinco que o professor. Isso significa que estão engajados e não apenas ouvindo passivamente as informações.

Para salientar a transição do foco, do professor para os alunos, passamos a denominar nossas salas de aula *espaços de aprendizagem*. O termo "sala de aula" tem muita carga semântica e sugere a conotação de professor como centro do processo. Evoca imagens do mestre diante dos pupilos, com um pedaço de giz na mão, vertendo conhecimento e sabedoria. Na sala de aula, o professor fala e os alunos escutam; o professor "ensina" e torce para que os alunos aprendam.

Quando nós, educadores, começarmos a chamar nossas salas de aula de *espaços de aprendizagem*, sentiremos a convocação para mudar a maneira como encaramos o que acontece nesses recintos. Ao transmitirmos essa mudança de nome aos alunos, eles perceberão que o objetivo de ir à escola é *aprender*, e não *ser ensinado*. Ao perceberem o poder da aprendizagem pela aprendizagem, nossas escolas se converterão em espaços de aprendizagem.

O Modelo de Aprendizagem para o Domínio dá aos Alunos *Feedback* Instantâneo e Reduz a Papelada do Professor

As avaliações formativas informais mencionadas anteriormente eliminam a necessidade de o professor coletar e avaliar montanhas de papéis. Além disso, os alunos não mais precisam esperar dias ou semanas para receberem o *feedback* necessário sobre determinada tarefa.

Tipicamente, os alunos trazem trabalhos completos para os professores e conversam com eles sobre os principais elementos de um objetivo. Durante essa conversa, aferimos a compreensão e os equívocos. Em vez de levar para casa os trabalhos dos alunos, nós os "avaliamos" de imediato, na presença do aluno. Os alunos se conscientizam do que não compreenderam, analisamos com eles os equívocos e planejamos juntos a melhor maneira de corrigi-los. Caso o aluno demonstre domínio do objetivo, nós o ajudamos a programar os passos necessários para dominar o objetivo seguinte.

Na nossa perspectiva, esse é um momento importante para esclarecer os

68   Sala de Aula Invertida

mal-entendidos, para desafiar os alunos brilhantes a levarem os objetivos um passo adiante, e para ajudar os estudantes a verem o panorama mais amplo. Em geral, os alunos aprendem um objetivo isolado e não percebem como ele se conecta com outros tópicos importantes. Essas discussões individuais ou em pequenos grupos levam os estudantes a um nível mais profundo de apreensão e de compreensão.

Um professor que adotou o nosso modelo, Brett Wilie, do Texas, comentou conosco, recentemente, pelo X (antigo Twitter), a reação dos alunos à exigência dele de que demonstrassem a compreensão do conteúdo. "Mr. Wilie", disseram eles, "era mais fácil quando não tínhamos de ensinar-lhe. Será que podemos voltar à época em que só fazíamos provas?". Os comentários dos alunos sobre a aprendizagem invertida para o domínio confirma a realidade de que aprender algo em profundidade exige trabalho. Os alunos sob o modelo invertido de aprendizagem para o domínio logo percebem que o propósito do curso não é só passar nos testes, mas compreender e prosperar.

Nossos alunos fazem as provas de avaliação nos computadores da sala de aula. O programa de testes dá notas às avaliações e oferece *feedback* imediato aos alunos. Os alunos nos avisam quando recebem os resultados, para que analisemos as provas com eles. Conversamos, então, sobre o que eles compreenderam e não compreenderam. Em geral, identificamos um padrão de erros que nos ajuda a desenvolver planos de recuperação adequados para os alunos. Estes já não precisam esperar que os professores levem as provas para casa, que as corrijam e lhes deem notas e que as devolvam e as comentem em sala de aula. Cada aluno recebe *feedback* oportuno, essencial para a rápida correção de erros ou omissões que o impeçam de dominar os objetivos. Esse *feedback* imediato é elemento crítico do modelo invertido de aprendizagem para o domínio, uma vez que os alunos devem dominar os objetivos de cada unidade antes de avançar para a seguinte.

PADRÃO ISTE EM AÇÃO

Facilitator (2.6.a) e Analyst (2.7b)

Para ajudar os alunos a pensar de maneira mais crítica sobre o conteúdo do curso, a trabalhar com independência e a assumir o controle da própria aprendizagem, adoto a abordagem da aprendizagem como projeto (ACP) em meu curso preparatório de professores. Em pequenos grupos, os alunos devem criar uma escola inovadora e aprimorada, com a aplicação do que aprenderam sobre os fundamentos da educação à invenção de uma nova escola. O projeto é denominado Desenhe-Uma-Escola e a questão essencial é perguntar "Como posso eu melhorar as escolas para atenderem melhor às necessidades da diversidade de alunos do século XXI?". Por exemplo, esses futuros professores aprendem sobre síndrome de esgotamento profissional de professores, assistindo a um documentário e lendo alguns artigos antes de vir para a sala de aula. Eles, então, devem discutir com o grupo e descobrir por meio de mais pesquisas como a nova escola inventada poderia ajudar a evitar o esgotamento profissional dos professores. Os grupos podem escolher o foco de suas pesquisas e discussões, como saúde mental, apoio da administração, práticas de contratação, oportunidades de desenvolvimento profissional, ou quaisquer outras ideias para aliviar o burnout dos professores. O produto final do projeto Desenhe-Uma-Escola é a criação de um *website* para a nova escola, que incorpore em todas as unidades os fundamentos do curso de educação: atuação do professor, propósitos da educação, reforma da escola, história da educação, filosofia da educação, finanças e governança de escolas e tecnologia da educação. Seguir as abordagens aprendizagem como projeto (ACP) e aprendizagem invertida na sala de aula fomenta uma cultura de aprendizagem liderada pelo aluno, e o andaime do projeto de criar uma página da internet de cada vez me proporciona a oportunidade de fornecer *feedback* aos grupos, durante todo o projeto. Os grupos de Desenhe-Uma-Escola apresentam seu *website* completo ao fim do semestre, como uma avaliação formativa.

Desenhe-Uma-Escola

Digitalize o *QR code* para visualizar um gráfico desenhado no ThingLink, que fornece informações detalhadas sobre o Desenhe-Uma-Escola, atividade de aprendizagem baseada em projetos, usada em um programa preparatório para professores na Molloy University, em Nova York.

—MADELINE CRAIG, ED.D. PROFESSORA ADJUNTA, SCHOOL OF EDUCATION AND HUMAN SERVICES MOLLOY UNIVERSITY, ROCKVILLE CENTRE, NOVA YORK, ESTADOS UNIDOS

O Modelo de Aprendizagem para o Domínio Oferece Oportunidades de Recuperação

Nem todos os alunos demonstram domínio na primeira tentativa. O que acontece quando um aluno não aprende logo de início? Na sala de aula tradicional, a turma prossegue com ou sem os alunos que não compreenderam. O ritmo da turma é definido pelo professor, com base no conteúdo a ser transmitido em determinado dia. Sob esse modelo, alguns alunos ficam muito para trás, suas avaliações refletem o atraso e eles são penalizados por serem mais lentos. Não castigamos nossos alunos mais vagarosos. Oferecemos-lhes, isso sim, amplas oportunidades para reaprenderem e para se recuperarem.

Como parte do *feedback* imediato, os professores têm tempo para trabalhar com os alunos e identificar suas incompreensões e equívocos. Ao circularmos pela sala, damos *feedback* constante aos alunos sobre seu progresso na aprendizagem. Em geral, o que fazemos é nos aproximarmos de um aluno ou de um grupo de alunos e lhes pedir para observar em que estão trabalhando. Verificamos, então, o progresso deles, examinando suas tarefas ou fazendo perguntas pertinentes. Se detectarmos problemas de compreensão, corrigimos os erros imediatamente. Esse *feedback* imediato evita a ocorrência de muitos problemas que logo surgiriam em caso de omissão.

Em cada unidade, há sempre alguns alunos que não conseguem compreender determinados objetivos. Identificamos esses alunos e passamos algum tempo com eles, em pequenos grupos, reunidos para breves sessões de reforço e revisão. De acordo com muitos desses alunos, esses momentos de atenção especial se destacam entre suas melhores experiências de aprendizagem. Nas avaliações das unidades, nem todos os alunos obtêm bons resultados. O professor dispensa tratamento individual a esses alunos, em busca da melhor forma de recuperação. O que percebemos, nesses casos, é que os alunos "não estão encaixando todas as peças do quadro" nem estão captando os principais conceitos. Depois de corrigirmos esses equívocos, os alunos alcançam condições de prosseguir.

O Modelo de Aprendizagem para o Domínio Admite Vários Meios para a Aprendizagem do Conteúdo

Conhecemos recentemente o Desenho Universal para a Aprendizagem (*Universal Design for Learning* – UDL), teoria de educação que foi desenvolvida na Universidade de Harvard. Os princípios básicos da UDL são oferecer aos alunos vários meios de representação, de expressão e de engajamento (CAST, 2018).

Nosso principal compromisso é o de que o aluno domine nossos objetivos. Temos consciência de que nossos vídeos não são a melhor solução para todos os alunos. Para ofertar aos alunos vários meios de representação, apresentamos-lhes outras opções de aprendizagem. Além dos vídeos, tarefas e experimentos em laboratório, cada conjunto de objetivos indica as seções a estudar no livro-texto da disciplina. Muitos alunos aprendem com nossos vídeos, outros aprendem com os livros-textos e outros encontram informações sobre nossos objetivos na internet. Não existe tamanho único, e não mais exigimos que os alunos vejam os vídeos, se preferirem recorrer a outras fontes.

Permitir que os alunos escolham como aprender foi para eles uma experiência de empoderamento, ao se conscientizarem de que a aprendizagem é de sua exclusiva responsabilidade. Transmitir-lhes essa lição de vida é mais importante que lhes ensinar o conteúdo da disciplina. Os alunos têm a liberdade para aprenderem por meio das estratégias de aprendizagem de sua preferência. Uma das consequências disso é a de que os alunos estão descobrindo como aprendem melhor. Ao garantir aos alunos a escolha de como aprender, também lhes conferimos o controle da própria aprendizagem.

PADRÃO ISTE EM AÇÃO

Designer (2.5.c)

Testemunhei recentemente o impacto que o Desenho Universal para a Aprendizagem (*Universal Design for Learning* – UDL) pode ter sobre a aprendizagem quando trabalhei com nossa professora de Ciências do 7º ano em seu projeto anual de ecossistema. Nesse projeto, os alunos são incumbidos de desenhar e implementar um ecossistema dentro de um contêiner fechado. Os estudantes usam um método de projeto de engenharia para monitorar e relatar seu progresso, assim como refletir sobre seu raciocínio em projetos. Numa versão anterior do projeto, essa professora utilizou um arquivo bastante grande do Google Slides, como o Digital Lab Notebook, e ele se tornou cada vez maior e mais difícil de manejar, à medida que se adicionava conteúdo. Concluímos que um *site* do Google para os materiais, as observações e as inferências de cada equipe ofereceria melhor estrutura organizacional. Ela elaborou o *layout* das várias guias e organizou áreas para o armazenamento do material de referência, de modo que os alunos pudessem acessar com facilidade as principais informações de suporte, assim como diagramas do processo. No final, criamos um *website*-modelo, no qual os alunos engenheiros pudessem interagir com todo o processo de desenho, fazendo perguntas, pesquisando sobre o problema mais amplo, planejando seus projetos e construindo um protótipo.

Projeto de Engenharia de Ecossistemas

A chave era demonstrar o domínio dos objetivos de aprendizagem, mas a maneira de demonstrar o domínio cabia a cada equipe. Ela permitia que cada equipe juntasse fotos de suas atividades de construção, reflexões sobre seu processo de desenho, assim como notas sobre aspectos de seu protótipo a ser avaliado. O resultado foi uma ampla variedade de "cadernos" (digitalize o *QR code* para baixar um exemplo), que fossem tão individuais quanto cada equipe.

—JOHN PADULA, ESPECIALISTA EM INTEGRAÇÃO DE TECNOLOGIA, HOPKINTON, MASSACHUSETTS, ESTADOS UNIDOS

As tarefas que lhes atribuímos oferecem diversas maneiras para que evidenciem a aprendizagem. No passado, exigíamos que todos eles completassem todos os componentes de todas as tarefas para nossa satisfação. Agora, não mais nos importamos com a maneira como os alunos aprendem um objetivo – simplesmente queremos que aprendam. Oferecemos aos alunos vídeos, planilhas e experimentos em laboratório que, em nossa opinião, ajudarão a guiá-los no domínio dos objetivos. Pedimos aos alunos, basicamente, para "demonstrarem" que estão construindo o domínio de cada objetivo.

O Modelo de Aprendizagem para o Domínio Oferece Muitas Chances de Demonstrar a Compreensão

Outro fator-chave da UDL que implementamos é o de oferecer aos estudantes vários métodos de expressão, que sejam, ao mesmo tempo, flexíveis e opcionais. Quando adotamos o modelo invertido de aprendizagem para o domínio, insistimos no propósito de que os alunos alcançassem pelo menos 75% dos objetivos de aprendizagem em todas as avaliações de unidades.

Ao refletirmos sobre como estávamos avaliando os alunos, percebemos que não podíamos adotar critérios únicos. Dissemos aos alunos que eles podiam demonstrar a compreensão do conteúdo de várias maneiras. Hoje, permitimos que eles comprovem o domínio dos objetivos por vários meios, como:

- Exames somativos de unidades
- Discussões
- Apresentações detalhadas em PowerPoint
- Vídeos curtos
- Demonstrações de compreensão por escrito em prosa
- Outros métodos desenvolvidos pelos alunos

Recentemente, um aluno de Jonathan perguntou se podia fazer uma exposição oral do que aprendera, em vez de escrever um relatório detalhado. Embora, sem dúvida, a apresentação por escrito seja importante, a descrição do aluno foi abrangente e completa. Ele compreendeu o que fora ensinado, mas a explicação oral foi mais fácil para ele, além de também ter demonstrado sua capacidade de oratória.

Capítulo 6   Em Defesa do Modelo Invertido de Aprendizagem para o Domínio

Outro aluno de Jonathan também enviou uma mensagem de texto, em que perguntava se podia fazer um videogame como avaliação. Jonathan aprovou a proposta de avaliação alternativa, sem ter ideia de como seria o resultado. Esse aluno, Nic, elevou o padrão de avaliações inovadoras. Dias depois, Nic entrou na sala de aula com o console de videogame, ligou-o no projetor da sala e nos deixou atônitos ao demonstrar por meio do jogo como compreendera os objetivos de aprendizagem. Jonathan ficou tão surpreso que imediatamente enviou uma mensagem de texto a Aaron. Na verdade, ele estava tão entusiasmado que o texto saiu ininteligível, forçando Aaron a ir até a sala de Jonathan para conseguir interpretar a mensagem. Ao ver parte da demonstração, Aaron ficou tão perplexo quanto Jonathan com a criatividade com que o aluno demonstrara sua compreensão. Aaron imediatamente puxou a câmera de vídeo para registrar o exemplo. Pouco depois, alguns alunos de Jonathan pediram para jogar o jogo, e houve até quem perguntasse se, caso "superassem" as metas (objetivos de aprendizagem), o resultado serviria como avaliação. Esse aluno depois se matriculou em um de nossos cursos avançados, no qual desenvolveu outras avaliações à base de jogos. Ele deixou isso como legado para outros estudantes.

Um dos alunos de Aaron, que tinha dificuldade em avaliações por computador, preferiu escrever à mão, em forma de prosa, tudo o que sabia sobre cada objetivo. Descreveu com clareza o que compreendera e apresentou exemplos matemáticos diferentes dos oferecidos nos vídeos ou nas tarefas. Ele sem dúvida dominava os conceitos, mas simplesmente tinha dificuldade de demonstrar seus conhecimentos por meio do exame elaborado para o computador.

Todos os alunos conseguiram demonstrar com clareza o domínio dos objetivos, mas não o teriam feito caso não tivéssemos adotado os princípios de UDL no modelo invertido de aprendizagem para o domínio.

O Modelo de Aprendizagem para o Domínio Muda o Papel do Professor

O modelo invertido de aprendizagem para o domínio muda o papel do professor. Em vez de nos posicionarmos na frente da sala, despejando informações e comandando o "espetáculo", passamos o tempo fazendo o que é mais importante – ajudando os alunos, orientando pequenos grupos e trabalhando com indivíduos em dificuldade. Passeamos constantemente pela sala, interagindo com os alunos sobre os principais objetivos de

74   Sala de Aula Invertida

aprendizagem. A melhor analogia que nos ocorre a esse respeito é a do papel do técnico solidário de uma equipe esportiva. Nossa função é apoiar e motivar os alunos ao longo do processo de aprendizagem. Eles precisam de um técnico que fique ao lado deles e que os oriente na descoberta do conhecimento. Temos mais oportunidades de encorajá-los e de lhes dizer o que estão fazendo certo, além de esclarecer seus equívocos.

Isso muda a dinâmica da aula. O tempo de aula é uma experiência de aprendizagem para o aluno, não um processo de transmissão e recepção de conhecimentos. Quando começamos, Jonathan, em especial, tinha dificuldade em renunciar às instruções diretas. Ele era ótimo expositor, mas, quando viu a maneira como todos os alunos realmente aprendiam pelo novo método, com mais abrangência e profundidade, logo desistiu de dar instruções diretas na sala de aula.

O Modelo de Aprendizagem para o Domínio Ensina aos Alunos o Valor da Aprendizagem, em vez de Adestrá-los no "Jogo" da Escola

Com que frequência seus alunos são bons no "jogo" da escola? Eles chegam à sala de aula mais interessados em conseguir boas notas do que em aprender? Tendem a ser os primeiros a pedir revisão de prova e a preferir perguntas de decoreba nos exames, em vez de questões mais profundas e criativas? Infelizmente, nosso sistema educacional falhou com esses estudantes, ao valorizar um ambiente em que o sucesso é medido pela capacidade de se lembrar de informações. Mesmo que consigam derramar essas informações nos exames, esses alunos não aprenderam realmente.

Quando entram na sala de aula invertida de aprendizagem para o domínio, tais alunos geralmente se sentem frustrados. Passaram muitos anos aprendendo o jogo da escola e não desenvolveram a capacidade de realmente aprender. A aprendizagem invertida para o domínio os obriga, então, a compreender, em vez de memorizar. Testemunhamos o crescimento espetacular nesses alunos: entram frustrados em nossos cursos e saem aprendizes.

O Modelo de Aprendizagem para o Domínio é Facilmente Replicado, Ampliado e Personalizado

Em conferência recente, recebemos algumas manifestações interessantes de *feedback* positivo de um dos participantes. Ele disse que a aprendizagem invertida para o domínio era redimensionada com facilidade. O que estamos fazendo pode ser reproduzido e personalizado em diferentes contextos educacionais. Os professores praticantes encaram a aprendizagem invertida para o domínio como ferramenta a ser explorada com facilidade.

No início dos anos 2000, Dwight Jones, ex-comissário de educação do estado do Colorado, veio visitar nosso distrito. Jonathan, por acaso, estava em nosso escritório central e foi chamado para participar da conversa sobre o modelo invertido de aprendizagem para o domínio. Jones se mostrou muito interessado no modelo e queria conhecê-lo melhor. Nós o levamos para a nossa sala de aula e ele teve a oportunidade de conversar com um dos alunos. Mais tarde, Jones fez um comentário interessante: "E tudo isso aconteceu em Woodland Park!". Percebendo a gafe, explicou que, com aquela observação, estava dizendo que a inovação não tinha surgido em um dos maiores e mais ricos distritos escolares do estado. O ponto é que, se pode ser feito em uma cidade pequena, com poucos recursos, também é factível em qualquer outro lugar.

Reforçando o argumento, nós começamos em um curso de química – envolvendo produtos químicos perigosos e graves preocupações com segurança. Ao expormos o modelo invertido de aprendizagem para o domínio por todo os Estados Unidos, as pessoas, em geral, achavam que éramos loucos por desenvolvermos aulas inovadoras logo em um curso de química! A verdade, porém, é que percebemos o potencial do modelo: éramos professores de química, e concluímos que aquilo seria melhor para os alunos. E estávamos certos! Deste modo, se a aprendizagem invertida para o domínio pode ser adotada com sucesso em uma cidadezinha sem recursos, em um curso de química arriscado, também pode ser implementada em quaisquer outras condições.

O Modelo de Aprendizagem para o Domínio Aumenta a Interação Face a Face com o Professor

Quando começamos a usar o modelo invertido de aprendizagem para o domínio, alguns pais expressaram o receio de que a quantidade de interações aluno-professor diminuiria. Um dos pais afirmou: "Devo admitir que, de início, fiquei cético sobre os vídeos. Eu tinha medo de que reduzissem a quantidade de contato direto com os alunos e que deixassem sem respostas as perguntas surgidas em aula. Sinto-me feliz ao reconhecer que eu estava muito errado. Vocês criaram uma maneira de aumentar o tempo de ensino na turma, e sinto que meu filho está se dando muito bem com isso." A aprendizagem invertida para o domínio leva a uma maior interação aluno-professor.

Simplesmente fazendo vídeos para as minhas palestras, consegui economizar 50 dias de instrução. Esse tempo extra liberou-me para atividades e experimentos práticos com os alunos. Finalmente, eu tinha tempo para orientar os estudantes a aplicar o conteúdo de suas anotações. Esse complemento aprofundou a compreensão do conteúdo pelos alunos."

—Bob Furlong, Professor de Biologia do Ensino Médio,
Otsego High School, Otsego, Michigan, Estados Unidos

O Modelo de Aprendizagem para o Domínio Reforça o Engajamento de Todos os Alunos

Em uma turma de aprendizagem invertida para o domínio, todos os alunos são responsáveis pela própria aprendizagem. Anos atrás, Jonathan atuava na área de pesquisa cerebral e suas implicações na educação. Muitas vezes ele usava a seguinte frase para resumir suas pesquisas: "O cérebro de quem trabalha cresce." Quando você entra em uma sala de aula típica, de quem é o cérebro que geralmente está em atividade? Na maioria das salas de aula, você vê o professor diante dos alunos, provavelmente fazendo uma apresentação em PowerPoint, talvez até em um quadro branco interativo, falando aos estudantes. Infelizmente, o cérebro que mais trabalha e, portanto, o que mais cresce é o do professor, enquanto o dos alunos fica muito menos ativo, enquanto ouvem, sentados, passivamente.

A sala de aula invertida de aprendizagem para o domínio parece muito diferente. Os alunos estão engajados em ampla variedade de atividades: fazendo testes de avaliações, assistindo a um vídeo em dispositivo móvel, discutindo um tópico com o professor, executando atividades práticas e trabalhando em pequenos grupos de aprendizagem. Que cérebro está mais ativo? Sem dúvida, é o dos alunos.

O Modelo de Aprendizagem para o Domínio Torna as Atividades Práticas Mais Pessoais

As atividades práticas ajudam os alunos a aprenderem por outros processos que não a instrução direta. A afirmação se aplica ainda mais na área de ciências. Os alunos não podem se limitar a aprender ciências – eles precisam fazer ciências para aprender. Ao fazerem experimentos, os alunos vivenciam

Capítulo 6   Em Defesa do Modelo Invertido de Aprendizagem para o Domínio

as ciências e constroem o conhecimento de conceitos científicos. Quando bem executadas, essas atividades práticas ajudam os alunos a questionar, a processar e a analisar o que fizeram.

Antes da aprendizagem invertida para o domínio, conduzíamos essas atividades práticas em grandes grupos. Toda a turma recebia instruções sobre o experimento e todos os alunos executavam a atividade ao mesmo tempo. Em uma perspectiva organizacional, o método é muito eficiente, mas não é necessariamente o melhor para os estudantes. Como o modelo invertido de aprendizagem para o domínio é assíncrono, os alunos conduzem os experimentos quando estão prontos para fazê-lo. O tempo varia de aluno para aluno. Tipicamente, trabalhamos com grupos de quatro ou cinco alunos que fazem um experimento. Antes do experimento, temos uma conversa com o grupo sobre o propósito da atividade e as medidas de segurança necessárias. Como estamos trabalhando com grupos pequenos, podemos olhar para as crianças nos olhos e ver se compreenderam o que farão e como garantirão a segurança. Os alunos se engajam mais nessas atividades práticas quando atuam em grupos mais coesos. Percebemos que eles ficam mais seguros quando recebem instruções individuais sobre os riscos de acidente.

O Modelo de Aprendizagem para o Domínio Torna as Demonstrações Conduzidas pelo Professor Mais Envolventes

Semelhantes aos experimentos de laboratório, o principal componente da maioria dos cursos de ciências são as demonstrações lideradas pelo professor. Em nosso curso de química, fervemos água adicionando gelo, queimamos papel com vapor e fazemos com que alguns alunos nos ateiem fogo. No passado, fazíamos essas demonstrações como parte da aula, diante de toda a turma. No modelo de sala de aula invertida, ainda fazemos essas demonstrações para toda a turma. Quando demonstrávamos um conceito para uma turma de 30 alunos, só alguns alunos que estivessem sentados nos "bons lugares" podiam ver o que estava acontecendo e só uns poucos podiam participar, por causa das limitações de tempo. Além disso, só um punhado de estudantes (geralmente os mais brilhantes que já tinham todas as respostas) participava da discussão.

Agora que nossas aulas são assíncronas, realizamos essas demonstrações quando os alunos estão prontos para elas. Isso significa que as repetimos

78   Sala de Aula Invertida

várias vezes, em determinada turma, ao longo de algumas semanas, diante de grupos menores. Nesses grupos menores, todos os alunos podem ver o que está acontecendo; todos eles se amontoam em torno da demonstração interessante. No experimento em que os alunos nos ateiam fogo, só um ou dois alunos nos incendiavam em certa turma. Agora, todos os alunos acendem o fogo. Assim, quando os pais lhes perguntam o que fizeram na escola, eles podem responder com orgulho: "Pus fogo no professor."

Achamos que essas demonstrações mais personalizadas reforçam a compreensão dos alunos. O modelo invertido de aprendizagem para o domínio permite que todas as crianças participem da discussão, em vez de esperar que só as mais brilhantes se destaquem com as "respostas". A distribuição dos alunos em grupos de demonstração menores é uma das principais mudanças que contribuem para o sucesso do modelo invertido de aprendizagem para o domínio. Todos os dias os alunos recebem educação mais personalizada.

> *A aprendizagem invertida mudou minha didática, permitindo que os alunos trabalhassem em seu próprio ritmo. Os alunos conseguem avançar no trabalho para se desafiar e receber mais ajuda quando necessário. Com o absenteísmo durante toda a pandemia, a aprendizagem invertida foi minha graça salvadora que me capacitou a ajudar os alunos que se ausentaram durante longos períodos e suprir suas deficiências com a aprendizagem on-line."*
>
> —Julie Buerman, Professora de Química, Cedar Rapids Kennedy High School, Cedar Rapids, Iowa, Estados Unidos

O Modelo de Aprendizagem para o Domínio Ajuda os Professores a Orientarem seus Alunos

Os professores com quem conversamos geralmente nos parecem frustrados com os alunos que não estão aprendendo. Os professores querem fazer o melhor por seus alunos. A aprendizagem invertida para o domínio nos conduz de volta à razão pela qual escolhemos a profissão do magistério: ajudar as crianças. O modelo invertido de aprendizagem para o domínio se resume ao foco nos alunos.

Começamos tudo com um orçamento frugal e com ele conseguimos transformar nossas turmas de maneira profunda e fundamental.

Capítulo 6   Em Defesa do Modelo Invertido de Aprendizagem para o Domínio

O aspecto mais notável de nossa jornada é perceber que não estamos fazendo nada novo! Durante anos, esperou-se que os alunos chegassem à sala de aula preparados para discutir e para interagir, com base nos conhecimentos já adquiridos. Infelizmente, em algum momento da história da humanidade, a preleção abriu caminho para a caixa de ferramentas instrucional e, desde então, ao longo do tempo, as escolas estão buscando uma saída dessa opressão. Simplesmente adaptamos vários princípios de aprendizagem muito bons e os aplicamos com mais eficácia, por meio da moderna tecnologia de informação e comunicação, para mudar a face do magistério. A aprendizagem para o domínio, o desenho universal para a aprendizagem, a aprendizagem com base em projetos, e a avaliação com base em padrões e objetivos, além da tecnologia educacional, foram os recursos que nos inspiraram a criar o modelo invertido de aprendizagem para o domínio como método didático.

80   Sala de Aula Invertida

CAPÍTULO 7

Como Implementar o Modelo Invertido de Aprendizagem para o Domínio

Então agora você está convencido. Você quer implementar algum formato da sala de aula invertida de aprendizagem para o domínio. Mas você tem dúvidas e receios. Muitos são os detalhes logísticos a serem elaborados. Como agir com X? O que fazer com Y? Como será isso ou aquilo nas suas circunstâncias? Embora haja semelhanças entre professores que inverteram suas salas de aula, sem dúvida não há nada do tipo *a* sala de aula invertida. Então, por onde começar? Usamos o modelo invertido de aprendizagem para o domínio desde 2008, e cometemos muitos erros – erros que *você* não precisa cometer. Como dissemos antes, queremos que você aprenda com nossos erros e melhore o modelo. Desde a publicação da primeira edição deste livro, milhares de professores em todo o mundo adotaram o modelo invertido de aprendizagem para o domínio, e aprendemos muito com aqueles que compartilharam conosco suas jornadas e experiências. Nas seções seguintes,

Capítulo 7   Como Implementar o Modelo Invertido de Aprendizagem para o Domínio

tentaremos condensar tudo o que aprendemos em umas poucas dicas breves para que você dê a partida. Para um mergulho mais profundo, consulte o livro de Jonathan, *The Mastery Learning Handbook: A Competency-Based Approach to Student Achievement* (2022), que aborda os detalhes essenciais sobre como implementar a aprendizagem para o domínio em sua sala de aula, a partir do início.

O que Fazer no Primeiro Dia

Vídeo Introdutório

Vídeo Testemunhal

Quando adotamos o modelo invertido de aprendizagem para o domínio, achamos que seria melhor permitir que nossos alunos se adaptassem aos poucos às novas condições. Começamos instruindo todos os alunos a verem o mesmo vídeo na mesma noite. Basicamente, adotamos, de início, a sala de aula invertida e depois avançamos para o modelo invertido de aprendizagem para o domínio. Como viemos a constatar, isso foi um erro.

No primeiro ano de implementação, pensávamos que manter os alunos juntos na primeira unidade lhes daria tempo para identificar os obstáculos técnicos e nos permitiria ajustá-los passo a passo ao novo modelo, que era muito diferente de qualquer coisa que já tinham visto. O fato é que subestimamos tremendamente nossos alunos. Eles se adaptaram com rapidez, e, quando os transferimos da sala de aula invertida para o modelo invertido de aprendizagem para o domínio, provocamos uma confusão desnecessária. Como sabe qualquer professor experiente, as primeiras semanas do ano letivo são fundamentais para estabelecer normas e rotinas. Treinar os alunos em um modelo e mudar os procedimentos depois de três semanas não são boas práticas de administração de sala de aula.

Agora, começamos o ano letivo apresentando de imediato aos alunos o modelo invertido de aprendizagem para o domínio. Respondemos a perguntas e passamos boa parte do tempo discutindo como é importante para os alunos assumir responsabilidade pela aprendizagem. Os alunos assistem a vídeos curtos que produzimos para explicar o modelo. Jonathan agora usa dois vídeos para iniciar o ano. No primeiro, ele explica as razões pelas quais pratica a aprendizagem para domínio e no segundo ele recorre a depoimentos de ex-alunos, aconselhando os novos grupos. (Digitalize os *QR codes* para ver exemplos dos vídeos.) Descobrimos que, quando ouvem seus pares, os alunos tendem muito mais a seguir o conselho do que quando ouvem dos professores os mesmos conselhos.

A aprendizagem invertida para o domínio se tornou parte da cultura de nosso departamento de ciências. Nosso diretor nos disse que geralmente são necessários cerca de três anos para que alguma inovação se converta em cultura em uma escola. O primeiro ano é o mais difícil; no segundo ano, todos os erros são corrigidos; e, no terceiro ano, ela se torna parte da cultura da escola. Esse padrão é exatamente o que experimentamos ao implementarmos o modelo invertido de aprendizagem para o domínio. Em nosso terceiro ano, a sala de aula invertida se tornou cultura, e o modelo estava funcionando bem.

Descubra que os Alunos estão Prontos para a Autodireção

Prontidão da Aprendizagem Invertida

A aprendizagem para o domínio exige que os alunos sejam mais autônomos, mas nem todos estão prontos desde o início para esse nível de liberdade e de escolha. Por isso, é importante identificar aqueles que precisarão de mais ajuda para desenvolver a capacidade de autodireção. Hatice Yildiz Durak, da Universidade Bartin, na Turquia (Durak, 2018), elaborou uma enquete que identifica os alunos que estão prontos para a aprendizagem autodirecionada. A enquete inclui itens relacionados com a capacidade de controle dos alunos sobre a própria aprendizagem, a autossuficiência com a tecnologia, a comunicação em sala de aula, a motivação para a aprendizagem e a presteza em fazer o trabalho preliminar para a aula. Realizar esse tipo de enquete no início do ano ajuda os professores a focarem naqueles alunos que precisarão de mais orientação em suas aulas semiautogeridas. Aplicamos a pesquisa dessa professora para alterar significativamente as perguntas de seu estudo inicial de modo a atender às necessidades de nossos alunos. Para saber mais sobre o trabalho dela nesse contexto e como aplicá-lo em sua própria sala de aula, digitalize o *QR code*.

Esclareça o Modelo aos Pais

Esclarecemos o modelo aos pais por meio de cartas explicativas. Eles precisam ser educados sobre o modelo, já que se trata de algo novo.

Vídeo Explicativo para Pais

Em sua aula atual, Jonathan envia um vídeo para a casa dos alunos, explicando o modelo aos pais (digitalize o *QR code* para ver um exemplo). Essa modalidade de explicação melhorou a comunicação professor-pais. De um modo geral, a comunicação com os pais deve ser constante para ajudá-los a compreender o que estamos fazendo e por que estamos agindo assim. Mas, quando informamos aos pais sobre as vantagens do modelo invertido de aprendizagem para o domínio, eles compreendem como os filhos se beneficiarão, e passam a apoiar a ideia.

No começo da implementação, havia alguma resistência dos pais. Com o decorrer do tempo, porém, passaram a aceitar a aprendizagem invertida para o domínio como nosso estilo de promover a aprendizagem.

Ensine aos Alunos a Assistirem aos Vídeos e a Interagirem com Eles

Um primeiro passo essencial é ensinar aos alunos a assistirem aos vídeos. É um processo semelhante a ensinar aos alunos a lerem e a usarem um livro-texto. Assistir a vídeos instrucionais não é como assistir a filmes de entretenimento ou a programas de televisão. Os vídeos didáticos devem ser vistos com o mesmo foco de quando se lê um livro de não ficção, em comparação a um livro de ficção. Estimulamos os alunos a eliminarem as distrações: não devem assistir aos vídeos com o Facebook aberto nem com fones de ouvido, ou ainda enviar mensagens de texto e marcar um jantar. Para treinar os alunos, dedicamos algum tempo nos primeiros dias de escola para assistirmos a alguns vídeos juntos. Usamos à vontade o botão Pausar para salientarmos alguns pontos importantes. A certa altura, passamos o controle, com os recursos de Pausar e Retroceder para um dos alunos. Invariavelmente, o aluno que controla os botões Pausar e Retroceder processa as informações em ritmo diferente do da maioria dos colegas. Todos os alunos querem controlar o vídeo, o que é, evidentemente, o recurso mais importante. Depois de assistir a um dos vídeos em sala de aula, conversamos com os alunos sobre como seria muito melhor se todos controlassem o próprio botão Pausar. Evidentemente, eles exercerão esse controle durante o restante do ano, mas essa demonstração os ajuda a compreender o valor dos vídeos e, mais importante, o controle da própria aprendizagem.

Durante esse período de treinamento, ensinamos também a aumentar a eficácia de suas anotações. Há muitas maneiras ótimas de tomar nota.

A nossa alternativa preferida é a do sistema Cornell de anotações. Damos-lhes um padrão de notas Cornell e os estimulamos a usar esse sistema, não só para anotar os principais pontos, mas também para fazer perguntas e resumir o que aprenderam.

PADRÃO ISTE EM AÇÃO

Analyst (2.7 a)

Em nossos círculos de literatura da 8ª série, tentamos ajudar os alunos a "se verem" em ação. Em vez de recorrerem apenas ao *feedback* de observação do professor da sala de aula, a professora de *English Language Arts* (ELA Teacher) e eu desenvolvemos sessões de círculos de literatura que permitiam que filmássemos os alunos em ação. Os alunos se inscreveram para várias funções dentro do grupo e foram avisados com antecedência de que suas sessões do círculo de literatura seriam filmadas. Também deixamos claro que os vídeos serviriam em parte como demonstração de competência.

Ao fim da filmagem, queríamos que os alunos aprendessem, refletissem e crescessem em relação à primeira semana de trabalho com o círculo de literatura. Em vez de apostar alto, numa atmosfera de tudo ou nada, as discussões sobre o livro se distribuíam ao longo de duas semanas e os alunos eram incumbidos de rever seu "desempenho" e elaborar uma autorreflexão e autoavaliação, a serem apresentadas ao fim da semana 1. O processo se repetia para a segunda metade do livro; os alunos mudavam de função, e se iniciava outra rodada de filmagem. Depois da semana 2, pedíamos aos alunos para refletir sobre seu desempenho mais recente e compará-lo com o da semana 1.

O que observamos foi muito impressionante. Na semana 2, os alunos estavam muito mais conscientes de suas funções dentro do círculo de literatura. O tempo era mais bem aproveitado – tanto que vários grupos chegaram a perguntar se a duração da sessão podia ser aumentada. Em geral, a qualidade das discussões e a interação dos membros do grupo eram muito mais altas. Sentimos que os resultados representavam uma vitória para todos!

—JOHN PADULA, ESPECIALISTA EM INTEGRAÇÃO DE TECNOLOGIA, HOPKINTON, MASSACHUSETTS, ESTADOS UNIDOS

Insista em que os Alunos Façam Perguntas Interessantes

Para verificarmos se os alunos assistiram ao vídeo, uma das estratégias é pedir que eles façam perguntas interessantes. Essa solução funciona muito bem no curso de Ciências Terrestres e Espaciais. A pergunta deve se relacionar com o vídeo e, de fato, expressar uma dúvida para a qual o aluno não tenha resposta.

Capítulo 7   Como Implementar o Modelo Invertido de Aprendizagem para o Domínio

Essas interações com os alunos são alguns dos momentos mais fecundos de nossa experiência em sala de aula. As perguntas são individuais ou grupais. Todos os alunos devem fazer pelo menos uma pergunta por vídeo. Muitas vezes, durante essas sessões de perguntas e respostas, os alunos levantam questões para as quais não sabemos a resposta, e trabalhamos juntos em busca de solução. As perguntas que fazem geralmente revelam seus equívocos e indicam o que não lhes ensinamos com clareza. Assim, ganhamos tempo para elucidar seus mal-entendidos e fazer correções nos vídeos com base em nossas anotações, evitando novos erros de interpretação. Essas interações são, de fato, momentos mágicos que experimentamos todos os dias com os alunos.

Todos os alunos devem fazer pelo menos uma pergunta sobre cada vídeo. Essa exigência é muito importante para aqueles que, em geral, não interagem com os professores. No modelo "sentar e receber", uma minoria de alunos faz a maioria das perguntas. Os que fazem as perguntas são geralmente os mais extrovertidos e mais confiantes. No modelo tradicional, os tímidos e introspectivos quase sempre têm dúvidas semelhantes, mas raramente as manifestam. No modelo invertido de aprendizagem para o domínio, todos os alunos devem fazer perguntas. Hoje recebemos perguntas mais frequentes e de melhor qualidade em nossos cursos do que em qualquer outra época sob o modelo tradicional, e os debates são mais ricos. Descobrimos que os alunos são curiosos e, nesse formato não ameaçador, todos podem demonstrar curiosidade e aprender de maneira individualizada.

PADRÃO ISTE EM AÇÃO

Analyst (2.7 b)

Em meus cursos invertidos e totalmente *on-line*, uso Edpuzzle para exibir vídeos interativos, carregando os vídeos que produzo no Edpuzzle e adicionando avaliações durante todo o vídeo. Quando meus alunos assistem ao vídeo, fazemos pausas para que os estudantes respondam a perguntas de múltipla escolha, elaborem respostas rápidas ou redijam pequenos textos. Também gosto de acrescentar breves comentários, em que chamo a atenção dos estudantes para frases ou definições importantes. O Edpuzzle transforma a exibição de vídeos em experiência interativa, em vez de processo passivo, e cria condições para que eu avalie a aprendizagem dos alunos. Posso integrar facilmente o Edpuzzle em nosso sistema de gerenciamento da aprendizagem, Canvas, o que simplifica a avaliação e a atribuição de notas, pois está incluído em meu boletim de notas. Como questão final no Edpuzzle, pergunto aos meus alunos: "Você teria alguma outra dúvida?". Então, respondo a essas perguntas, em nossa aula presencial, em mais um esforço para integrar nossas aulas *on-line* e presenciais.

—MADELINE CRAIG, ED.D. PROFESSORA ADJUNTA, SCHOOL OF EDUCATION AND HUMAN SERVICES MOLLOY UNIVERSITY, ROCKVILLE CENTRE, NOVA YORK, ESTADOS UNIDOS

Outra coisa que percebemos durante as sessões de perguntas e respostas é como os alunos tímidos saem da concha. Infelizmente, alguns deles raramente são alvo da atenção de adultos. Os pais são ocupados demais, e os professores falam para eles. As únicas pessoas que os ouvem são os colegas. Essas horas de conversas abertas são para nós oportunidades para conhecer nossos alunos em nível mais pessoal, o que é muito útil em nosso esforço para ajudar adolescentes problemáticos em dificuldade.

Ajuste Sua Sala de Aula à Aprendizagem Invertida para o Domínio

Costumávamos organizar nossa sala de aula no formato tradicional. O professor era o centro das atenções, o que geralmente significava que todas as carteiras se voltavam para a mesa do professor e para o quadro negro. Ao adotarmos novas tecnologias, todas as carteiras continuavam enfileiradas no mesmo sentido, viradas para a frente, onde agora se via uma tela, ligada a um projetor. Ao começarmos a implementar o modelo invertido de aprendizagem para o domínio, percebemos que teríamos de mudar até o *layout* do recinto. Atualmente, nossa sala de aula invertida de aprendizagem para o domínio é projetada em torno da aprendizagem. Em vez de o ponto de foco da sala se situar na frente, concentra-se mais no meio (imagine uma turma de jardim de infância). Esse novo desenho muda a psicologia dos alunos. Para eles, o foco central da sala já não é o professor e, sim, os alunos e a aprendizagem. Ambos temos projetores na sala de aula, que pouco são ligados e usados. Todas as atenções se voltam para a aprendizagem, não mais para a apresentação do professor.

Cada um de nós também tem um quadro branco interativo (QBI) montado num dos lados da sala, em vez de na frente. Agora, os alunos usam rotineiramente os QBIs como ferramentas interativas para a aprendizagem, mas, quando os recebemos pela primeira vez, um dos alunos perguntou, com certa hesitação, se ele podia tocar no quadro. Obviamente, já os tinha visto em uso, mas apenas como ferramenta para o professor. Em nossas salas de aula, os alunos usam os QBIs para manipular simulações de ciência *on-line*, colaboram em projetos ou simplesmente exploram novas maneiras de aprender e de compreender. Por exemplo, em nossa turma de Ciências Terrestres e Espaciais, usamos um programa que converte qualquer computador em telescópio virtual, apontado para o céu noturno. Os alunos podem mudar a data e a localização e observar constelações em diferentes

Capítulo 7   Como Implementar o Modelo Invertido de Aprendizagem para o Domínio

hemisférios ou rastrear os movimentos planetários. O QBI é um eixo de atividade, na medida em que os alunos se aglomeram diante do quadro, para aprender sobre as estrelas e mais.

> Os alunos exercem mais controle sobre o domínio do conteúdo e sobre as matérias e assuntos. Eles podem refazer atribuições e visualizar materiais, tantas vezes quantas necessárias, até se sentirem preparados para avançar e enfrentar novos desafios. Tudo isso incumbe os alunos de levar avante a própria aprendizagem."
>
> —Beth Hammett, Professora Associada de Inglês,
> College of the Mainland, Texas City, Texas, Estados Unidos

Lecionamos ciências. E quando as ciências são ensinadas da maneira certa, exigem-se muitas atividades práticas. A maioria delas são experimentos. Frequentemente nos perguntam como organizamos os experimentos em um contexto em que os alunos podem se dedicar a diferentes tarefas ao mesmo tempo. Achamos que o melhor exemplo é o de uma sala de aula dos primeiros anos do Ensino Fundamental, em que, às vezes, o recinto é dividido em diferentes áreas. Uma é para leitura, outra, para redação; outra, para trabalhar com computador, e assim por diante. Nossas salas de aula são organizadas de maneira semelhante. Temos uma estação para experimentos sobre os diferentes tipos de reações químicas, outra para reações específicas e outra para fórmulas de laboratório. Usamos menos equipamentos que antes, porque só alguns alunos fazem o mesmo experimento ao mesmo tempo, e a segurança melhorou, porque passamos algum tempo conversando com os alunos sobre as principais medidas de prudência antes de cada experimento. Em perspectiva financeira, a sala de aula invertida de aprendizagem para o domínio é mais barata já que se exige apenas uma fração dos equipamentos e materiais. Você surpreenderá a administração da escola quando começar a operar com apenas 20% da verba anterior.

Permita que os Alunos Gerenciem Seu Próprio Tempo e Carga de Trabalho

A filha de Jonathan foi sua aluna durante dois anos em uma sala de aula invertida de aprendizagem para o domínio. Em um desses anos, em dezembro, ela se mostrou preocupada com o estresse típico dos fins de semestre e com as notas que alcançaria. As provas finais estavam marcadas para dali a duas semanas; seus compromissos de fim de ano incluíam um recital de dança e uma peça na igreja; além disso, estava atrasada em todos os trabalhos escolares. Uma coisa de que ela realmente gostava no modelo invertido de aprendizagem para o domínio era a possibilidade de gerenciar o próprio tempo. Aproveitou, então, boa parte do feriado do Dia de Ação de Graças para adiantar as tarefas das aulas do pai. O fato é que, ao perceber que ficaria realmente sobrecarregada, optou por se adiantar o quanto fosse possível e acabou concluindo que poderia fazer os exames finais depois de dominar todos os objetivos do semestre. Assim, planejou seu próprio tempo com antecedência para que sua agenda não ficasse tão congestionada. Logo fez a prova final e foi aprovada, podendo se dedicar a outras disciplinas. Até usou o tempo das aulas do pai como oportunidade para se preparar para outras provas finais.

Ela não está sozinha. Uma coisa que percebemos nos alunos é que eles aprendem a gerenciar o próprio tempo. Sabem quais objetivos precisam dominar e em que momento. Podem programar suas atividades e fazer boas escolhas sobre prioridades e gerenciamento do tempo.

A filha de Jonathan era uma aluna cuidadosa, que queria se superar. Você talvez esteja pensando: "E quanto aos alunos que não têm tanta iniciativa?". Descobrimos que o método reverso de aprendizagem para o domínio é ótimo para oferecer experiências aos alunos. Os que chegam com poucas competências de gerenciamento do tempo aprendem a gerenciar o próprio tempo. Damos aos alunos liberdade para fazer boas e más escolhas. À medida que o ano avança, os alunos começam a fazer escolhas cada vez melhores. Vemos essa evolução não só entre alunos que enfrentam dificuldades, mas também em meio àqueles que se destacam entre os melhores. Embora o modelo invertido de aprendizagem para o domínio não seja a fórmula mágica para desenvolver a capacidade de gerenciamento do tempo entre todos os alunos, trata-se, sem dúvida, de uma abordagem que contribui para o desenvolvimento da maioria dos alunos.

Estimule os Alunos a se Ajudarem

Descrevemos nossas turmas como centros de aprendizagem. O ponto focal da sala de aula não é mais o professor, mas, sim, a aprendizagem. Depois de algum tempo, os alunos se dão conta de que a aprendizagem é o principal objetivo, e recorrem uns aos outros para receber ajuda. Nessas condições, organizam-se, automaticamente, em grupos de aprendizagem.

Com muita frequência, passamos por um grupo, perguntamos o que estão aprendendo e vemos os alunos ajudando uns aos outros.

Também distribuímos os alunos em grupos estratégicos. Identificamos aqueles que estão às voltas com o mesmo conteúdo e os estimulamos a formarem grupos espontâneos. Essa dinâmica evita que a turma seja um lugar onde trinta alunos se dediquem a estudos independentes. Os pequenos grupos preservam a dinâmica da sala de aula, estimulando a interação, a colaboração e a exploração.

Tudo isso nos empolga. Nossos alunos percebem que é melhor trabalhar em equipe do que trabalhar sozinhos. Chegamos, assim, ao âmago da aprendizagem na era digital: alunos trabalhando juntos para realizar os mesmos objetivos. Sabemos que, em breve, entrarão no mundo do trabalho, em que as pessoas raramente atuam sozinhas. Os alunos agirão como membros de equipes para solução de problemas, e o modelo invertido de aprendizagem para o domínio promove esse tipo de interação.

Desenvolva um Sistema de Avaliação Adequado

Decerto, um dos maiores desafios de nosso modelo é construir um sistema de avaliação adequado que meça com objetividade a compreensão dos alunos de maneira significativa para eles próprios e para os professores. Como saber se os alunos dominaram os objetivos do curso? O que fazer se não chegaram lá? Essas perguntas sempre envolvem um desafio para quem está interessado em adotar o modelo invertido de aprendizagem para o domínio. Mas não tema – chegamos a essa conclusão da maneira mais difícil e que pode poupá-lo de enfrentar as mesmas dificuldades.

PADRÃO ISTE EM AÇÃO

Analyst (2.7.a)

Dar opções aos alunos é componente fundamental para aumentar o engajamento dos estudantes. A tecnologia nos capacita a oferecer aos alunos essas escolhas, sem agravar a carga de trabalho dos professores. Por exemplo, usar um painel de escolhas no estilo de "Ou Isto ou Aquilo" induz os alunos a trabalharem com uma lista de reprodução que os acompanha ao longo do processo de aprendizagem, com possibilidade de opções. O modelo invertido é um dos muitos que podem ser oferecidos nesse tipo de painel de escolhas. Nos componentes "Explore" e "Aprenda" do painel de escolhas, os alunos podem ter a opção de assistir a um vídeo ou de ler um texto. À medida que se movimentam para a categoria "Crie", os alunos podem produzir os seus próprios vídeos, que os ajudam a demonstrar sua aprendizagem ou redigir algum tipo de notas de esboço. No caso de vídeos produzidos por eles mesmos, os alunos podem usar ferramentas como Flip, Screencastify, WeVideo ou uma ferramenta de vídeo incluída no sistema de gerenciamento de aprendizagem da escola (Canvas Studio, por exemplo). Finalmente, os alunos podem refletir de diversas maneiras, sobre a experiência de aprendizagem, com o uso de quadros de discussão LMS (*Learning Method System* – Sistema de Gestão de Aprendizagem), Formulários Google ou até uma atividade Padlet. A disponibilidade dessas opções proporciona aos alunos mais capacidade de iniciativa em seu processo de aprendizagem, mas também possibilita que os alunos adotem um método que atenda às suas necessidades de aprendizagem individuais.

—TIFFANY REXHAUSEN, ESPECIALISTA EM INOVAÇÃO, LAKOTA LOCAL SCHOOLS/LIBERTY JUNIOR SCHOOL, LIBERTY TOWNSHIP, OHIO, ESTADOS UNIDOS

A logística de gerenciar várias versões da mesma avaliação talvez seja o que descarrilou o movimento da aprendizagem para o domínio na década de 1980. O desenvolvimento de diferentes tipos de avaliações de qualidade, o gerenciamento da papelada e o acompanhamento da segurança dos testes são simplesmente tarefas volumosas demais para um professor com trinta alunos em sala de aula. Achamos que o uso da tecnologia moderna para fornecer *feedback* valioso aos alunos e para nos ajudar a implementar o modelo de aprendizagem invertida para o domínio é o que possibilita o domínio do conhecimento.

Avaliação Formativa

Nós dois ensinamos química há muitos anos, e ao longo de todo esse processo acumulamos experiência suficiente para saber com rapidez quando um aluno compreende os pontos-chave. Ao perambularmos pela sala de aula e ao interagirmos com os estudantes, também aferimos o nível de compreensão. Embora os alunos estejam em processo de aprendizagem, descobrimos e

Capítulo 7   Como Implementar o Modelo Invertido de Aprendizagem para o Domínio

corrigimos os equívocos. Reconhecemos que, enquanto desenvolvem novos conceitos, eles precisam de diferentes níveis de apoio, dependendo do avanço da aprendizagem e da carga de conhecimento de determinado objetivo. Às vezes, fornecemos-lhes ajuda estruturada, mas, em outras situações, deixamos que enfrentem as próprias dificuldades. Sabemos que ensinar não é ministrar o conteúdo a colheradas. Às vezes, o professor deve permitir que os alunos se debatam com um conceito difícil para que o absorvam de maneira mais profunda. Portanto, deixamos alguns alunos por conta própria, pois sabemos que, assim, a compreensão deles será muito mais completa do que se lhes segurássemos as mãos durante todo o processo, embora continuemos a apoiar os alunos que precisam de ajuda.

O ônus da prova no processo formativo é dos alunos. Transmitimos os objetivos de aprendizagem e fornecemos os recursos necessários para os alcançar, mas compete aos alunos a apresentação das evidências de que estão alcançando os objetivos. No caso de alunos incapazes de demonstrar que estão avançando rumo aos objetivos, avaliamos com rapidez o nível de compreensão deles e criamos planos de recuperação personalizados, para que repitam o processo e absorvam o que ainda não dominam. Os tipos de recuperação e de aprendizagem variam conforme o aluno. Podemos recomendar a uns que assistam de novo a um vídeo específico ou, em alguns casos, que o vejam pela primeira vez. A outros, sugerimos livros e *websites* a serem consultados ou simplesmente nos sentamos com eles e repassamos os conceitos mal compreendidos. Às vezes nos referíamos ao processo de avaliação formativa como algo semelhante a "verificar o óleo" de um automóvel, até que em uma conversa com Ewan McIntosh, ele nos corrigiu e, sugeriu que o comparássemos ao GPS. Quando alguém que usa o GPS apresenta indícios de estar perdendo o rumo, o instrumento "reformula" a rota e ajuda o motorista a retomar o rumo certo. O condutor pode continuar a ignorar o GPS, mas o GPS seguirá recalculando o itinerário para o destino almejado. Por fim, o condutor ouvirá o sempre persistente GPS e retomará o rumo certo – ou, como diria McIntosh, cairá num lago. Na sala de aula, o professor pode ser a voz do GPS, redirecionando os alunos quando eles se perdem na compreensão. Eles podem aceitar o conselho e a orientação do professor ou podem traçar o próprio rumo, perdendo-se no deserto da ignorância e dos equívocos.

Compete ao professor avaliar constantemente a trajetória do aluno e oferecer *feedback* imediato que o mantenha no rumo seguro das rodovias da aprendizagem. Em última instância, as questões sempre são: "Você aprendeu?" E, em caso positivo, "você pode comprovar que aprendeu?". No entanto, um dos componentes do bom ensino é o de acompanhar o aluno ao longo da jornada da aprendizagem, em vez de apenas verificar se chegou ao destino com segurança.

Formulando as Perguntas Certas para a Avaliação Formativa

Ao interagirmos com nossos alunos, sempre dialogamos com eles. Tentamos garantir que compreendam os objetivos de aprendizagem. Também os estimulamos e os induzimos a aprenderem com a profundidade possível. O principal componente desse processo é nossa estratégia de questionamento. Algum tempo atrás, tivemos uma reunião com a reitora da faculdade de educação de uma universidade privada. Ela estava muito curiosa sobre esse aspecto do processo de aprendizagem invertida para o domínio e observou que, como éramos professores veteranos, sabíamos, por intuição, quais perguntas fazer. Como, indagou ela, treinaríamos novos professores em nossa tecnologia?

> *Na aprendizagem invertida, observei que os trabalhos para a aprendizagem, passados antes da aula, reduziram a carga cognitiva dos alunos durante as sessões de química. As atividades em sala de aula centradas nos alunos os ajudaram a superar seus equívocos conceituais em alguns tópicos difíceis, como isomeria estrutural, nomenclatura IUPAC, ligação química, e assim por diante. Ademais, o arcabouço da sala de aula invertida permite que eu adote outras pedagogias para atender à necessidade de melhorar a compreensão conceitual de meus alunos."*
>
> —S. Athavan Alias Anand, Pesquisador Sênior, Department of Chemistry, Prayoga Institute of Education Research, Bengaluru, Karnataka, Índia

A pergunta é traiçoeira, porquanto a intuição não é algo que se transfira com facilidade. De propósito, dedicamos algum tempo no começo de cada ano letivo a descobrir e a compreender como cada aluno pensa e aprende. Não o fazemos com nenhuma bateria de testes formais; simplesmente conversamos com os alunos e tentamos conhecê-los. Nosso método é altamente subjetivo, mas funciona. Portanto, nosso conselho aos professores interessados em adotar o modelo invertido de aprendizagem para o domínio é conversar com os alunos e passar a conhecê-los como pessoas admiráveis, descobrir como pensam e ajudá-los a aprender.

Capítulo 7   Como Implementar o Modelo Invertido de Aprendizagem para o Domínio

O professor deve fazer as perguntas certas a cada aluno. Ao conhecermos bem nossos alunos e até que ponto eles compreendem cada objetivo de aprendizagem, ajustamos nossas perguntas à compreensão de cada um. Cada aluno tem diferente nível de compreensão e nosso principal objetivo é o crescimento.

Uma vantagem da aprendizagem invertida para o domínio é que o professor desenvolve muita prática em perguntar da maneira mais adequada. Em vez de fazer as perguntas apenas uma vez durante a aula, é preciso repeti-las aos alunos, interagir com eles. A prática do modelo invertido de aprendizagem para o domínio será muito útil para os futuros professores, dando-lhes oportunidades para fazer perguntas sob medida aos alunos com o fim de atender às suas necessidades de aprendizagem individuais.

Avaliações Somativas

Nossas avaliações são essenciais para verificar a compreensão dos alunos e para aferir a formação do conhecimento pelos alunos. Acreditamos, no entanto, que os alunos também precisam de avaliações de alto nível, em que demonstrem domínio dos objetivos de aprendizagem. Portanto, desenvolvemos avaliações somativas em que os alunos devem demonstrar um nível mínimo de proficiência.

Os educadores dispõem de vários modelos de avaliação. Os exames podem ser pontuados com base em um escore total máximo, os objetivos podem ser avaliados isoladamente, em uma escala de 0 a 4, ou o resultado de um teste pode ser expresso por uma porcentagem direta. O desempenho dos alunos varia entre A e F, conforme a porcentagem de avaliação. Embora não acreditemos totalmente em avaliar os alunos usando uma porcentagem, temos, no entanto, de operar sob um arcabouço menos que ideal. Para funcionar no ambiente A–F, em que os pais, os alunos e os administradores se sentem mais à vontade, concluímos que os alunos precisam alcançar no mínimo 75% em todas as avaliações somativas, para comprovar o domínio da aprendizagem. Esse número não é arbitrário. Consideramos os objetivos de aprendizagem essenciais e elaboramos o teste de maneira que os alunos que dominem os principais objetivos alcancem 75%. Os restantes 25% da avaliação podem ser conquistados com o domínio dos objetivos do tipo "é bom saber", que também são parte do currículo, mas que talvez não sejam essenciais para o sucesso nas lições subsequentes. O aluno que não alcançar 75% ou mais deve refazer a avaliação. Se o aluno tiver dificuldade em algum tópico específico, oferecemos condições de recuperação, dando ao

94   Sala de Aula Invertida

aluno o apoio de que precisar em cada avaliação somativa. Também permitimos que o aluno refaça a avaliação, mesmo que tenha alcançado 75%, caso deseje melhorar a pontuação. Essa decisão compete exclusivamente ao aluno, pois também tentamos ensiná-los a responsabilizar-se pela própria aprendizagem.

Também promovemos muitas avaliações das atividades em laboratório. Nessas avaliações, os alunos são incumbidos de resolver um problema. Usam, então, os equipamentos, os produtos químicos e os materiais disponíveis para desenvolverem a solução. Essas avaliações autênticas também são parte importante de nosso programa. Também nesse caso os alunos precisam alcançar o mínimo de 75% para serem aprovados. Para os alunos, um dos benefícios do modelo invertido de aprendizagem para o domínio é o de que eles não podem apresentar lixo: se produzirem relatórios inaceitáveis, simplesmente os devolvemos para que reparem o trabalho. Os alunos que estiverem interessados apenas em "passar de ano" logo descobrirão que será mais proveitoso produzir um trabalho de qualidade logo de início, em vez de perder tempo com os trabalhos deficientes que terão de refazer.

Observe que o processo que acabamos de descrever é o que adotamos, mas não é a única maneira de fazer avaliações somativas em um contexto reverso de aprendizagem para o domínio. Muitos professores e escolas que inverteram a sala de aula conduzem as avaliações somativas de maneira mais tradicional. O teste é aplicado a todos os alunos em determinado dia, e a nota obtida é permanente. Tampouco existe uma única maneira de inverter, uma única maneira de avaliar, e uma única maneira de oferecer *feedback* aos alunos. Como sempre, escolha o melhor para os alunos e opere conforme os parâmetros de seu contexto educacional específico.

Teste a Integridade

Quando iniciamos o programa reverso de aprendizagem para o domínio, aplicávamos testes no papel. Tínhamos várias versões, mas os alunos faziam os exames em diferentes épocas, geralmente em ambientes menos supervisionados. Infelizmente, alguns alunos tomavam a decisão errônea de fraudar os exames. Havia quem tirasse fotografias das provas com os telefones celulares e as entregasse aos colegas. Nesses, casos, rapidamente, algumas de nossas provas se espalhavam entre a população de alunos.

A adoção de testes por computador aumentou a segurança, mas, mesmo assim, alguns alunos copiavam e colavam exames inteiros, enviavam cópias

Capítulo 7 Como Implementar o Modelo Invertido de Aprendizagem para o Domínio

para as suas contas domésticas e as distribuíam entre os colegas. Obviamente, não precisamos dizer que nessas ocasiões nos sentíamos frustrados e desmotivados. Por causa da falta de computadores em nossa sala de aula, às vezes mandávamos os alunos fazerem o exame na biblioteca da escola. Infelizmente, descobrimos que alguns deles trabalhavam em aliança, recorriam a colas ou consultavam fontes proibidas.

Desde o lançamento da primeira edição deste livro, os alunos desenvolveram muito mais conhecimento de tecnologia. Na atual escola de Jonathan, todos os alunos dispõem de um dispositivo e muitos deles aprenderam a manipular o sistema. O atual sistema dele inclui um programa de monitoramento (GoGuardian) e ele ajustou os controles de modo que os alunos possam acessar somente o sistema de gerenciamento da aprendizagem (D2L Brightspace). Se você quiser ainda mais segurança, há vários programas de navegação bloqueados e até uns que fazem o aluno a baixar um teste *off-line*, que, então, desliga todos os acessos à internet.

Não somos ingênuos – sabemos que alguns alunos sempre tentarão contornar as regras e fazer más escolhas. Nossa função, como bons professores, é a de limitar as oportunidades de fraudes pelos alunos.
Com alguns ajustes sutis, nossa atual solução eliminou a maioria de nossos problemas de segurança. Hoje, aplicamos os exames somente em sala de aula, onde instalamos vários computadores (seis ou sete). Cada teste é protegido com senha, de nosso exclusivo conhecimento. Quando está pronto para começar o exame, o aluno faz o *log in* em sua conta e, em seguida, o professor digita a senha. Esse processo nos dá a chance de conversar com cada aluno antes do exame e confirmar que só trouxeram fontes de consultas permitidas (por exemplo, tabela periódica e calculadora). Geralmente fazemos algum comentário encorajador e, embora o sistema não seja perfeito, a maioria das questões de integridade se resolvem.

Quem quiser avançar um pouco mais para assegurar a integridade pode se inspirar no que Aaron começou a fazer em 2011: aplicar testes de internet aberta. Ele começou o experimento para resolver duas questões:

• Quais são as perguntas cujas respostas são encontradas com tanta facilidade na internet e que não precisam ser ensinadas em sala de aula?

• Considerando a profusão de informações que se encontram na ponta dos dedos de nossos alunos, como reformular os exames para efetivamente avaliarmos o que os estudantes sabem e podem fazer com certos conceitos?

96 Sala de Aula Invertida

Ao fazer essas duas perguntas, ele transformou seus testes, que não mais se limitavam à retenção de informações e a cálculos matemáticos, para também envolver a solução de problemas, análise de dados e compreensão de matemática. Além disso, a integridade do teste deixou de ser relevante, pois as respostas não podem ser compartilhadas com facilidade, em consequência da natureza aberta das perguntas.

Logística das Avaliações Somativas

Quando se estava começando a promover a aprendizagem para o domínio, a logística das avaliações talvez tenha sido um dos principais desafios que impediu sua adoção em grande escala. Como poderia o professor gerenciar tantas versões de um teste? Se continuarmos submetendo os alunos aos mesmos exames, sucessivas vezes, eles acabarão por memorizar o teste, mesmo sem compreender o conteúdo. Assim que adotamos o modelo invertido de aprendizagem para o domínio, simplesmente preparávamos algumas versões manuscritas de cada exame. Infelizmente, notávamos que os alunos começaram a fazer exatamente o que receávamos: decorar os exames e, embora passassem no teste, não tinham realmente aprendido.

Em seguida, recorremos a exames gerados por computador, para nos ajudar com a logística de ter de dar notas a tantos exames que estavam sendo aplicados em diferentes ocasiões. Na época, nossa escola tinha adotado um programa gratuito, de fonte aberta, de gerenciamento de cursos, denominado Moodle, que pareceu muito promissor, porque, de imediato, dava nova aos exames e nos aliviou de enorme carga. No entanto, ainda enfrentávamos o problema de poucas versões, muito semelhantes, de cada teste.

> *Ao inverter a aprendizagem em minha sala de aula, concedi-me tempo valioso para dedicar a cada um dos alunos, individualmente, de duas maneiras. Primeiro, eles podiam assistir aos tutoriais em vídeo, à hora que lhes for mais conveniente, em seu próprio ritmo, e rever as lições a qualquer momento – quase como se tivessem um professor particular, sentado a seu lado, quando pausassem o vídeo, tentassem resolver um problema sozinhos, e, então, reiniciassem o vídeo para verificar sua compreensão. Segundo, eu conseguia revezar, como que "fazendo ronda", no atendimento de cada aluno, enquanto eles trabalhavam em problemas práticos, durante a aula, para avaliar a compreensão. Outro benefício da*

Capítulo 7   Como Implementar o Modelo Invertido de Aprendizagem para o Domínio

aprendizagem invertida foi ter permitido que eu recuperasse o clima de diversão, os jogos envolventes e a prática de atividades para aplicar os conceitos e aprofundar a aprendizagem. Finalmente, como eu inverti minha sala de aula em 2013, a aprendizagem a distância e híbrida durante a pandemia foi uma transição fácil para mim e para os meus alunos."

—Missy Northington, Professora de Matemática do Ensino Médio,
Saint Mary's Hall, San Antonio, Texas, Estados Unidos

Nossa inovação seguinte veio depois de Jonathan ler sobre como usar o Moodle para produzir uma versão única de cada teste para cada aluno e uma versão diferente para cada tentativa do aluno. Com esse método, criamos diversas questões para avaliar a realização de cada objetivo, e, então, deixávamos que o Moodle escolhesse ao acaso uma ou mais questões para cada objetivo, quando elaborávamos nossos testes. Desse processo resultam dezenas de milhares de alternativas para cada teste, solucionando o problema logístico das múltiplas versões. Essa solução viabiliza a aprendizagem para o domínio.

Esteja certo, porém, de que isso acarreta enorme carga de trabalho. Em vez de elaborar uma ou duas perguntas para cada objetivo, significa escrever dez ou vinte, o que é um grande compromisso. Também refinamos continuamente o processo e acrescentamos mais perguntas, mudamos a redação das perguntas e garantimos que os objetivos essenciais sejam avaliados de maneira acurada e adequada. Encaramos essa tarefa como um projeto de vários anos, sempre inconcluso.

Se você estiver interessado em outros *softwares* de gerenciamento de cursos, além do *Moodle*, há muitos outros programas ótimos por aí (como analisamos no capítulo 5), incluindo Blackboard, Schoology Learning, Canvas e D2L Brightspace. Existem também conjuntos de avaliação dedicados, como Formative (formative.com), Quia (quia.com) e Edulastic (edulastic.com).

Trabalhando Dentro da Cultura de Avaliação A–F

Imaginamos que grande parte de seu trabalho se desenvolva em ambiente semelhante ao nosso. Em nossa escola, os alunos ainda recebem crédito por um curso concluído. Como professores, ainda devemos dar notas aos alunos: A para excelente; B para acima da média, C para na média; D para abaixo da

98   Sala de Aula Invertida

média; F para reprovado. Buscamos descobrir uma maneira de viabilizar o sistema de aprendizagem para o domínio nesse contexto. No começo, foi realmente difícil, tivemos de considerar nossas turmas em mais de um sistema de avaliação, com base em objetivos ou padrões, mas nossa escola não estava preparada para operar sob esse modelo. Além de aplicar um modelo de aprendizagem para o domínio dentro das limitações do sistema A–F, também precisamos lançar nossas notas no livro de notas *on-line*, adotado em nosso distrito. Esse livro de notas é acessível para os pais, que estão acostumados a ver todas as avaliações sob a forma de porcentagem ou pontuação, expostas como letras. Para enfrentar esses desafios, desenvolvemos sucessivas interações e reformulamos várias vezes nosso sistema de avaliação.

Resumindo a história, desenvolvemos um sistema híbrido que é, em parte, avaliação com base em objetivos e, em parte, avaliação tradicional do tipo A–F, que pode ser eficaz ou ineficaz em nosso contexto. Em nosso sistema, fazemos avaliações somativas que compõem 50 % da nota do aluno. Estes devem alcançar pelo menos 75 % de cada avaliação somativa, para que a nota seja lançada no livro de notas. Os outros 50 % da avaliação se referem ao progresso oportuno para o domínio, conforme as avaliações formativas individuais.

Em termos ideais, a sala de aula invertida é mais compatível com a avaliação com base em padrões (ABP). Muita gente que faz a inversão não usa a ABP, e muita gente que usa a ABP não faz a inversão. Os dois sistemas, porém, funcionam bem juntos. O sistema escolar *Adams-50*, em Westminster, Colorado, Estados Unidos, adotou em todo o distrito a avaliação com base em padrões. Em qualquer turma, os alunos podem se situar em diferentes níveis de avaliação, e qualquer aluno pode alcançar diferentes níveis de avaliação em cada uma de suas turmas. Os instrutores do distrito descobriram recentemente como o sistema de avaliação funciona bem com vídeos instrucionais assíncronos, e muitos dos professores locais estão produzindo os próprios vídeos para atender às necessidades específicas dos alunos.

Todos os contextos de avaliação em escolas de todo o mundo são diferentes, e todos devemos operar conforme os parâmetros do ambiente em que lecionamos. A adoção da sala de aula invertida já é, em si, mudança tão radical que alguns professores hesitam em também alterar o sistema de avaliação vigente. Esse componente da sala de aula invertida de aprendizagem para o domínio varia tanto de escola para escola quanto a distribuição de vídeos.

CAPÍTULO 8

Aprendizagem Invertida em Ação

Com a explosão da aprendizagem invertida na última década, em parte como resultado do sucesso da primeira edição deste livro, professores em todo o mundo estão adotando a aprendizagem invertida como principal estratégia de ensino. Fizemos um rápido levantamento das escolas com as quais trabalhamos ou com as quais tivemos algum tipo de relacionamento, e estimamos que mantivemos contato direto em pelo menos 47 países. E nós, ou pessoas com quem trabalhamos, visitamos quase todos os cantos do globo.

Capítulo 8   Aprendizagem Invertida em Ação

Quaisquer que sejam as escolas em que estivemos, raramente encontramos ao menos um professor que não tenha invertido sua sala de aula. A essa altura, quase todos os professores, no mínimo, ouviram falar sobre aprendizagem invertida ou conhecem um colega que já tenha experimentado algum componente desse conceito. Para ilustrar o impacto da aprendizagem invertida no mundo, este capítulo apresenta dois estudos de caso: (1) um professor sozinho que inverteu sua sala de aula e (2) toda uma escola que mudou sua identidade ao inverter as salas de aula.

A Jornada de Só Um Professor: Matthew Moore, Warrenburg, Illinois

Depois de lecionar matemática no Ensino Médio durante 10 anos, Matthew Moore se sentia como se tivesse descoberto a magia do magistério. Ele sabia o que esperar. Ele conhecia todas as dificuldades que os alunos enfrentariam. Ele dominava o manejo da sala de aula e se sentia como se fosse o dono da bola. Ele era o representante da federação global dos sindicatos de educação e tinha uma visão realista das principais questões em educação, tanto em suas aulas quanto em sua escola.

Veterano na carreira de professor, Matthew descreveu sua didática como extremamente tradicional. Ele lecionava em todos os níveis da escola, desde aritmética introdutória até cálculo avançado. Diz ele que, "embora eu lecione a alunos de todos os níveis, eu sempre leciono da mesma maneira: dar aulas, passar trabalhos, registrar as notas". Depois de cada dia de aulas, os alunos têm cerca de 10 minutos para trabalhar nos problemas e depois terminar os exercícios em casa.

Mesmo com 10 anos de experiência e o sentimento de que se tornara um excelente professor, Matthew ainda lidava com problemas exasperantes que não conseguia resolver. Uma de suas maiores frustrações era o que fazer com as crianças que faltavam às aulas. Como a exposição do conteúdo ocorria durante as aulas, faltar realmente era prejudicial para eles – mas também sobrecarregava Matthew, que perdia muito tempo com esses alunos, e estava cansado de correr atrás de crianças que não compareciam às aulas ou não faziam os trabalhos de casa.

Primeiros Passos

Em 2013, Matthew participou de uma conferência para, como ele explicou, "descobrir o que esses gestores jogarão em nossas costas, qual será a nova 'grande ideia', de modo que eu pudesse ajudar meus professores do sindicato a evitar tudo aquilo". Dominado por profundo ceticismo, ele assistiu à primeira sessão de Jonathan na conferência e, desde então, nunca se ausentou das apresentações. Matthew participou de todas as quatro palestras de Jonathan, porque logo constatou que a aprendizagem invertida poderia não só resolver seu problema com o absenteísmo dos alunos, mas também seria capaz de realmente mudar tudo. Ele estava curioso e decidido a tentar.

De volta à escola, Matthew iniciou uma inversão rudimentar nas aulas de álgebra. Era lá que havia muitos alunos com desempenho sofrível ou medíocre. Nos primeiros meses, ele dedicou boa parte do tempo elaborando muitos dos aspectos técnicos e logísticos da aprendizagem invertida: como produzir um vídeo, como facilitar o acesso dos alunos, e como assegurar que os alunos façam o trabalho prévio. O que o surpreendeu, porém, foi a constatação de que não tinha a menor ideia do que faria com o tempo até então dedicado às aulas. Quando era professor tradicional, ele passava tanto tempo expondo o conteúdo que, ao inverter a preleção, não sabia o que fazer com o tempo liberado. De início, aproveitou essa maior disponibilidade de tempo de aula para ensinar mais conteúdo. No entanto, ao pedir *feedback*, os alunos disseram que o ritmo frenético da aula era exaustivo.

Ao concluir seu primeiro ano completo de ensino invertido, ele expandiu o conteúdo para incluir mais aulas. E também adotou nova abordagem para aproveitar melhor o aumento do tempo disponível. Começou, então, a explorar o conceito de aprendizagem como projeto e a promover a interação par a par. E logo percebeu que um dos principais benefícios da aprendizagem invertida era a tendência de os alunos se tornarem muito mais interativos na aprendizagem. Em breve, a sala de aula se encheu de quadros brancos, diante dos quais alunos se juntavam a toda hora para fazer cálculos em grupos colaborativos. Os alunos não mais se conformavam a ficar em suas carteiras como meros ouvintes; em vez disso, eles estavam aprendendo juntos, em processo intensamente ativo e interativo.

Ao prosseguir na inversão da sala de aula, Matthew descobriu que havia resolvido o problema das "crianças que faltavam às aulas". Em seguida, ele partiu para a solução de seu problema de reiteração da aprendizagem. Na sequência, a aprendizagem invertida superou o problema de tomada de notas. E, ao fim de poucos anos, toda a sua concepção de como deveria ser a escola assumiu outra feição. Ele começou como professor tradicional e um tanto bem-sucedido. Com o passar do tempo, Matthew se converteu de professor conservador a professor inovador.

Compartilhamento da Inovação

A aprendizagem invertida, então, proporcionou a Matthew algumas oportunidades maravilhosas. Ele se manteve em contato com Jonathan, que o incentivou a exercer um papel mais relevante na comunidade de aprendizagem invertida. Matthew começou a conduzir atividades de desenvolvimento profissional para professores. Começou a lançar postagens em *blogs* e, por fim, publicou um livro. Tornou-se ativo na Rede de Aprendizagem Invertida (organização que criamos como lugar em que os educadores interagiam e aprendiam o processo de inversão), e agora é presidente do conselho da Rede de Aprendizagem Invertida. Tudo isso realizado por alguém que se inscreveu em uma conferência para descobrir como deter a "invencionice" desmedida.

Quando começou a se espalhar a pandemia da covid-19, Matthew estava mais bem-preparado em comparação a quase todos os outros professores em sua escola para enfrentar aquele desafio. Na verdade, a escola lhe pediu para ajudar os outros professores, à medida que avançavam para a aprendizagem remota. Contudo, esse processo gerou frustração, pois a administração da escola não estava disposta a ver nem a apoiar as melhores práticas da aprendizagem invertida.

Durante o verão de 2020, Matthew foi procurado por uma escola distrital vizinha, em razão da *expertise* dele em aprendizagem invertida, e ele aproveitou a oportunidade. Agora, ele está feliz da vida, orientando e inspirando os alunos a atingir alturas que nem podia imaginar, quando ainda seguia métodos didáticos tradicionais.

De Olho no Futuro

Matthew continua a refletir sobre as implicações da sala de aula invertida em um mundo pós-pandemia. Durante a pandemia, todos os professores aprenderam a lançar o conteúdo *on-line* e a postar vídeos didáticos. Matthew, porém, está preocupado com o fato de, como muitos professores não implementaram as melhores práticas de aprendizagem invertida em suas salas de aula, não são poucos os alunos que se sentem esgotados com tantos vídeos. Embora não tenha todas as respostas sobre o que virá em seguida, Matthew está otimista, pois, à medida que cada vez mais professores aprendem as melhores práticas da aprendizagem invertida, cada vez mais alunos e muitos outros professores também se darão conta do enorme valor da sala de aula invertida em todo o mundo.

Quando lhe perguntamos qual era seu principal intuito ao fazer a transição para a aprendizagem invertida, ele respondeu que era "mudar minha mentalidade". Transformar a mentalidade e a trajetória de toda uma escola é ainda mais difícil, mas não é impossível. E os resultados podem ser espetaculares, como demonstra nosso próximo estudo de caso.

Escola de Ensino Fundamental Ashhurst, Ashhurst, Nova Zelândia

Em 2016, Heath Chittenden foi nomeado diretor na Escola de Ensino Fundamental Ashhurst e estava em busca de respostas. Os alunos, principalmente os garotos, nessa pequena escola na Nova Zelândia semirrural, estavam tendo dificuldade em atender aos padrões acadêmicos nacionais. O desempenho deles era muito baixo em redação, e Heath também estava procurando maneiras de desafiar seu pessoal a levar a escola para o nível seguinte.

A Escola de Ensino Fundamental Ashhurst já recebera o padrão-ouro do Departamento de Educação de Nova Zelândia e tinha todo o direito de ser considerada uma instituição de alto nível. Mas Heath sabia que eles podiam fazer muito mais. Como novo diretor, ele ouvia muita conversa dos professores, mas percebia pouco interesse dos alunos. Ele descrevia os alunos como indulgentes e diligentes. "Havia muito alvoroço e pouco esforço na escola", explicou Heath, recorrendo a uma expressão neozelandesa. Em outras palavras, eram muitas as ostentações de sucesso, mas poucas as demonstrações de aprendizagem. Heath poderia acomodar-se sobre os louros recebidos e manter tudo como antes, mas ele sabia que a escola era capaz de realizar muito mais.

Em busca de ideias, Heath compareceu à conferência ISTE 2016, em Denver. Já tendo assistido a uma palestra de Jonathan sobre como a inversão das salas de aula podia transformar as escolas, ele decidiu participar de nossa sessão conjunta sobre esse tópico, em Denver, para refrescar sua memória. Dessa vez, ao voltar para casa, Heath não conseguia tirar da cabeça a aprendizagem invertida. Ele estava tão convencido da eficácia da aprendizagem invertida, que procurou Jonathan e o convidou para fazer uma apresentação na Escola de Ensino Fundamental Ashhurst. Como, no entanto, ele queria que a equipe chegasse às suas próprias conclusões sobre a aprendizagem invertida, Heath não lhes disse quanto ele estava interessado naquilo. Em vez disso, apenas comentou que participara de uma palestra de

Capítulo 8 Aprendizagem Invertida em Ação

Jonathan e que queria que também a equipe "ouvisse o que esse cara tem a dizer e avaliasse até que ponto as ideias dele teriam algum mérito aqui em Ashhurst". Apenas o pessoal de mais alto nível da equipe sabia quanto Heath queria que a escola adotasse a aprendizagem invertida.

Jonathan se lembra intensamente da visita a Ashhurst. O percurso de automóvel, partindo de Wellington, levou-o ao longo das idílicas pastagens de rebanhos ovinos, em meio a uma sucessão onírica de paisagens lacustres e fluviais. Ele também se recorda de deparar, ao chegar, com um grupo reticente de colaboradores céticos. Nos 2 dias seguintes, Jonathan falou sobre a natureza transformacional da aprendizagem invertida, sobre o conteúdo deste livro, e sobre as salas de aula invertidas que ele visitara em todo o mundo. Heath se dirigiu ao grupo como um colega professor, que havia encontrado uma maneira melhor de alcançar todos os alunos, e a equipe recebeu calorosamente sua mensagem. Aquele *workshop* de 2 dias se revelou a fagulha de uma história maravilhosa, ainda em evolução – a história de uma escola revolucionada pela aprendizagem invertida.

Da Ideia à Implementação

Uma vez convencidos os professores, o trabalho árduo começou. Uma coisa é amar a *ideia*, outra coisa é *efetivamente* inverter a sala de aula. Ademais, uma coisa é inverter uma *aula* e outra totalmente diferente é inverter toda uma *escola*. A jornada da Escola de Ensino Médio Ashhurst foi uma sucessão de mudanças incrementais e um contínuo de muito trabalho árduo, com todos os professores e líderes atuando juntos para a realização de um objetivo: chegar aos alunos.

A jornada começou com um pequeno grupo seleto de professores de Ashhurst invertendo umas poucas unidades no restante daquele primeiro ano letivo. O propósito daquela iniciativa era identificar o *software* mais eficaz, decidir onde postar os vídeos invertidos, descobrir a melhor maneira de os estudantes acessarem o conteúdo digital e definir os objetivos logísticos a serem superados. Embora a escola se destacasse pela qualidade de seus dispositivos, ainda era necessário enfrentar muitos desafios técnicos.

No ano seguinte, todos os professores já deveriam ter invertido o conteúdo de redação de suas aulas. Para que todos estivessem preparados, os professores de Ashhurst assistiram a um curso de certificação em aprendizagem invertida elaborado por Jonathan. O curso proporcionou aos participantes vocabulário e estratégia comuns a serem usados durante as aulas.

O trabalho também teve de superar obstáculos. Alguns professores produziram vídeos longos demais, o que levou a escola a determinar a regra de que os vídeos não poderiam durar mais de 3 minutos. Também concluíram que era fundamental produzir o próprio conteúdo dos vídeos, em vez de recorrer a conteúdo de terceiros, lançado no YouTube. Alguns professores eram ótimos em vídeos, mas tinham dificuldade em aproveitar com eficácia o tempo adicional em sala de aula. Outros até fizeram vídeos excelentes e, então, simplesmente os exibiram em sala de aula para que todos os alunos os assistissem juntos. Heath e a equipe de liderança dedicaram muito tempo ao treinamento dos professores, inclusive em sessões individuais e para pequenos grupos, analisando e demonstrando as melhores práticas de aprendizagem invertida.

Durante o segundo ano de implementação completa, Heath e equipe esperavam que todos os professores invertessem leitura e matemática e continuaram a contextualizar como a aprendizagem invertida funcionaria em Ashhurst. Assim, desenvolveram maneiras de compartilhar arquivos e métodos para que os professores compartilhassem os trabalhos uns com os outros. Ao reconhecerem que eram uma escola que usava muito o Google, por exemplo, decidiram transferir todo o material para o Google Drive. Também perceberam que os alunos podiam se aprofundar no material do curso. Aplicando a Taxonomia de Bloom para se concentrarem na qualidade da instrução, eles almejavam conseguir que os alunos se envolvessem em trabalhos cognitivos mais rigorosos. Para tanto, recorreram à aprendizagem baseada em projetos e passaram a aplicá-la como meio para promover a compreensão mais profunda.

Heath admite que a carga de trabalho nos primeiros 2 anos foi muito pesada. Ao fim do segundo ano, porém, os professores estavam começando a ver os resultados de todo aquele trabalho árduo. Os alunos estavam mais engajados, as realizações eram mais frequentes e importantes e eles estavam percebendo que, depois de executarem todas as atividades de pré-aprendizagem, os anos seguintes seriam mais fáceis.

Durante o terceiro ano de implementação, eles continuaram a aprimorar os processos. Um problema que eles constataram foi que um aluno que estivesse atrasado no 4º ano poderia estar assistindo a um vídeo do 2º ano, produzido por um professor do 2º ano. Essa solução não estava funcionando, porque essa prática fazia com que o aluno do 4º ano se sentisse diminuído. Portanto, os professores do 4º ano intervieram e produziram conteúdo que lecionasse os conceitos em tom que falasse aos alunos, considerando a situação específica em que se encontravam.

Capítulo 8   Aprendizagem Invertida em Ação

Jornada para o Domínio

O trabalho em Ashhurst, no entanto, ainda não estava concluído. À medida que a transformação prosseguia, eles começaram a perceber o que estavam realizando como uma jornada rumo à aprendizagem para o domínio. Eles já haviam identificado os principais alvos da aprendizagem, e era natural que se tornassem uma escola de aprendizagem para o domínio. Para ser honesto, a situação não se parecia muito com o que já descrevemos neste livro, mas, mesmo assim, a escola abraçou totalmente a aprendizagem para o domínio.

Um exemplo dessa abordagem "abrangente" ocorreu quando eles se deram conta de que muitos alunos nas séries mais avançadas precisavam aprender técnicas específicas de anotação. Os alunos mais jovens assistiam a um vídeo para responder a uma ou duas perguntas. No entanto, os alunos mais velhos precisavam aprender uma maneira de processar de imediato mais informações. Assim, eles incluíram uma unidade nas aulas da 7ª série que ensinava os estudantes a tomar nota. O domínio das melhores práticas de anotações ajudou os alunos a se preparar melhor para as escolas de Ensino Médio que eles frequentariam depois.

Por todos os critérios, Ashhurst promoveu avanços substanciais. Ao fim de 4 anos, as realizações em redação aumentaram em 25% no caso de meninos, e em 16% para todos os alunos. As conquistas em matemática melhoraram em 13%. Como eles foram, literalmente, a primeira escola inverter a sala de aula em toda a Nova Zelândia, os elogios foram pródigos. A Escola de Ensino Médio Ashhurst tornou-se escola-modelo, na qual a equipe de ensino se sentia reconhecida e empoderada.

Durante a pandemia de covid-19, eles não perderam o ritmo. Embora o desempenho de muitas escolas tenha sofrido as consequências, a aprendizagem na Escola de Ensino Médio Ashhurst continuou a avançar sob todos os pontos de vista. A equipe ouvia dos pais de alunos que eles estavam muito felizes por seus filhos estarem em Ashhurst, em vez de em outras escolas que não estavam preparadas para a aprendizagem remota. Pouco depois dos confinamentos, Heath recebeu uma onda sem precedentes de candidatos a professores na escola, em uma época em que o número de professores estava caindo e muitas escolas tinham dificuldade em encontrar pretendentes a preencher as vagas na equipe.

108   Sala de Aula Invertida

Espalhando a Palavra

E a jornada deles prossegue até hoje. A rotatividade de pessoal de Ashhurst é muito baixa, mas os professores que efetivamente deixam a escola tendem a tornar-se líderes em suas novas escolas, divulgando informações sobre a aprendizagem invertida. Enquanto isso, muitos professores afluem à Escola de Ensino Médio Ashhurst. Em razão da notoriedade de seu sucesso, outras escolas incumbem alguns professores de visitarem Ashhurst. Alguns desses professores visitantes agora estão lecionando em Ashhurst. Eles conhecem o sistema, apreciam seus resultados e querem ir para lá. Os professores relatam que adoram estar em Ashhurst porque estão fazendo o que realmente importa. Eles agora passam menos tempo planejando que praticamente em todas as outras escolas, e, ainda, estão mais preparados que em quase qualquer outra escola, em virtude de todo o trabalho árduo em que a equipe se empenhou durante os primeiros anos.

Em vez de relaxar sobre o sucesso com a aprendizagem invertida, contudo, Ashhurst mantém seu empenho em se desenvolver e se aprimorar. Eles descobriram que tinham avançado demais nos projetos, por exemplo, porque os alunos não mais se engajavam tão profundamente nos assuntos quanto precisavam. Atualmente, a ênfase é no questionamento de estratégias que garantirão a profundidade da aprendizagem de todos os alunos.

Temática Comum

Ao viajarmos pelo mundo desde a publicação da primeira edição deste livro, vimos as histórias de Matthew e da Escola de Ensino Médio Ashhurst se repetirem sucessivas vezes. Jonathan se lembra de ter conversado com uma professora sul-coreana que não conteve as lágrimas ao descrever como a aprendizagem invertida mudou a sua vida – ao compartilhar a aprendizagem invertida com o pai, professor que sempre adotou métodos tradicionais, a carreira dele também se transformou e se revitalizou. Ainda nos lembramos de mentorear um professor na Escola Distrital Ferguson-Florissant, em Missouri, que recorreu à aprendizagem invertida, enquanto as escolas estavam fechadas, em consequência de manifestações de protesto pela morte a tiros de um homem negro desarmado. Também conversamos com um professor no Irã que transformou sua escola ao adotar a aprendizagem invertida. Visitamos uma escola invertida em Birmingham, Inglaterra, onde,

Capítulo 8 Aprendizagem Invertida em Ação

na véspera, ocorreu uma morte atribuída a gangues. A escola era um farol de esperança naquele mundo turbulento, e os líderes da escola atribuíram o sucesso deles à aprendizagem invertida. Jonathan confabulou com o ministro da educação da Jordânia, que lhe indagou como poderia atender às necessidades educacionais dos refugiados que inundavam o seu país. No início da guerra Rússia-Ucrânia, tivemos a chance de trabalhar com uma escola internacional que foi forçada a se refugiar *on-line*, por força do conflito.

Vimos a aprendizagem invertida funcionar em escolas privadas exclusivas e em escolas atoladas em depressão econômica. Também a vimos atuar em escolas de Ensino Fundamental e de Ensino Médio, em universidades e no mundo empresarial. Prestamos consultoria a escolas de todos as modalidades e variedades. Tivemos reuniões com secretários de educação e ajudamos uma província da Argentina a inverter todo o seu sistema educacional. Conversamos com embaixadores e trabalhamos com empresas da Fortune 100. Todo esse sucesso do modelo, por vezes, mostrou-se acachapante e ostensivo. Éramos apenas colegas professores no pequeno Woodland Park, Colorado, que queriam ajudar nossos alunos. Não tínhamos ideia do impacto do modelo nem jamais imaginamos a influência que este livro exerceria no mundo. E o modelo continua funcionando! Se você ainda não implementou a aprendizagem invertida, *experimente*! Nunca é tarde demais.

Conclusão

Embora a preleção não seja a melhor maneira de transmitir informações aos alunos, às vezes, a instrução direta tem lugar. Esse lugar, entretanto, não é na sala de aula, muito menos envolvendo toda a turma. Também aprendemos que a oferta de instruções por meio de vídeos pode ser muito eficaz para alguns assuntos, mas não para todos. Alguns conceitos devem ser descobertos, de maneira independente, pelo próprio aluno, enquanto outros precisam ser ensinados diretamente ou por um diálogo socrático. Apesar de não constituir a panaceia da educação, esses vídeos nos permitiram explorar melhor diferentes modelos de ensino, mais adequados aos nossos alunos. Sugerimos insistentemente que você explore e mescle o que aprendeu neste livro, conjugando nossa experiência com as suas melhores práticas do bom magistério.

> *Inverter os elementos tradicionais de preleção em aula e trabalho de casa e integrar atividades de aprendizagem engajada impulsionaram a transição de meu curso, que evoluiu de um ambiente centrado professor para um ambiente centrado no aluno. Esse processo transformou completamente a dinâmica da sala de aula e tornou os alunos mais responsáveis pela própria aprendizagem. A assiduidade, o envolvimento, a participação e a compreensão conceitual dos alunos se aguçaram substancialmente e resultaram em melhoria muito acentuada no processo de aprendizagem dos alunos.*
>
> –Erik N. Christensen, Professor Universitário de Física,
> South Florida State College, Avon Park, Flórida, Estados Unidos

O desenvolvimento do que se tornou conhecido como sala de aula invertida foi uma jornada e tanto para nós dois. Sentimo-nos humildemente gratos pela explosão e disseminação global de algo que começou em duas salas de aula da zona rural do Colorado, Estados Unidos, e em alguns outros lugares dispersos. Éramos apenas um par de professores que queriam fazer o melhor para seus alunos, e que mergulharam de cabeça em um projeto inovador. Não podíamos imaginar as implicações de nossa iniciativa. Agora, contudo,

Conclusão

percebemos que o modelo da sala de aula invertida e o método reverso de aprendizagem para o domínio são capazes de produzir impacto positivo na educação.

Também queremos agradecer a todos os educadores e alunos que cresceram conosco nesse processo e que influenciaram nossas ideias sobre a sala de aula invertida. Este livro expõe essa história sob nossa perspectiva, mas sabemos que muitos outros admiráveis educadores estão usando essas mesmas ferramentas, competências e recursos há anos. Resta-nos esperar que o conhecimento e a experiência de outros professores continuem a dar forma à sala de aula invertida. Grande parte do que praticamos atualmente foi inspirada por outros professores que usam ferramentas educacionais semelhantes, as quais adaptamos às nossas necessidades. Não temos a pretensão de havermos inventado alguma nova pedagogia, nem de nos tornarmos detentores da marca registrada de uma inovação. Simplesmente constatamos uma necessidade e a suprimos com as ferramentas tecnológicas disponíveis. Ao colhermos os frutos, ficamos tão entusiasmados com os resultados que nos sentimos compelidos a divulgá-los.

Se você estiver pensando em inverter sua sala de aula, incentivamos que o faça pelas razões certas. Uma das maiores dificuldades que enfrentamos ao mudar para o modelo da sala de aula invertida e, por fim, ao adotarmos o modelo invertido de aprendizagem para o domínio foi a de renunciar ao controle do processo de aprendizagem. Para muitos educadores, isso é muito difícil. Quando, porém, a aprendizagem está nas mãos dos alunos, e não nas mãos dos professores, a verdadeira aprendizagem ocorre com mais eficácia. Construtivistas convictos e defensores radicais da aprendizagem com base em projetos afirmarão que ainda não chegamos ao ponto de transferir a responsabilidade pela aprendizagem a nossos alunos. É até possível que estejam certos. A inversão da sala de aula, contudo, é uma iniciativa fácil, ao alcance de qualquer professor, para se afastar da instrução direta em sala de aula e para promover uma aprendizagem mais orientada pelos alunos e mais voltada para pesquisas.

Ao contarmos nossa história em todo os Estados Unidos, ouvimos repetidas vezes de professores, administradores, pais e, principalmente, alunos, o quanto todos querem adotar o modelo de sala de aula invertida: são professores que se dedicaram ao ensino para ajudar os alunos a verem esses modelos como maneira de alcançar o objetivo derradeiro do magistério; administradores que apreciam o fato de a sala de aula invertida ser escalável, replicável, adaptável e pouco custosa; pais que adoram o modelo porque o consideram uma maneira de os filhos aprenderem profundamente em vez de apenas receberem informações; e, finalmente, e mais importante, alunos que gostam do método por muitas razões: por falar a linguagem deles, por ensiná-los a assumir responsabilidade pela própria aprendizagem, e por ser flexível e permitir que trabalhem no próprio ritmo e eficientemente.

> *A sala de aula invertida deveria resolver problemas em minha sala de aula, mas, ao contrário, essa nova abordagem deixou claro que a minha sala de aula totalmente impulsionada pelo professor e centrada no trabalho de casa era o problema. A aprendizagem invertida foi o respiradouro para a reflexão, a revisão e a epifania que remanejaram o foco para a aprendizagem do aluno e reacenderam minha paixão pelo ensino."*
>
> —Matthew Moore, Professor de Matemática do Ensino Médio, Warrensburg-Latham High School, Warrensburg, Illinois, Estados Unidos

Todos nós acreditamos que o bom magistério ocorre no contexto de relacionamentos saudáveis entre alunos e professores. Os alunos precisam ver os adultos como mentores e guias, em vez de como especialistas que pairam nas alturas. Os professores precisam ver os alunos não como crianças desamparadas, que precisam ser educadas com tudo mastigado, mas, sim, como pessoas singulares, que exigem educação personalizada. A sala de aula invertida e o modelo invertido de aprendizagem para o domínio criaram condições para que capacitássemos os alunos a aprender mais conteúdo, com mais profundidade, em um ambiente interativo, de relacionamentos fecundos, que os ajude a alcançar o sucesso.

E agora incumbimos você, como nosso leitor, a sair a campo e fazer o que for necessário para considerar a educação sob esta nova perspectiva. Ainda que você não adote o método reverso em plenitude, esperamos, sobretudo, que você sempre investigue "O que é melhor para nossos alunos?" e, então, parta para a ação.

APÊNDICE A

Melhores Práticas para Produzir Vídeos Didáticos de Qualidade

Uma das perguntas mais comuns que ouvimos é "Devo desenvolver minhas próprias atividades invertidas ou posso recorrer a lições *on-line*?".
Essa dúvida, em geral, é complementada pelas observações "Não me sinto muito bem criando vídeos" ou "Não tenho tempo". Compreendemos essas preocupações – fazer os próprios vídeos exige muito tempo, energia e criatividade. Convém salientar, porém, que temos trabalhado com inúmeros professores em todo o mundo, e os que produzem grande parte de seu próprio conteúdo alcançam mais sucesso nas aulas invertidas. O objetivo das dicas e sugestões que se seguem é contribuir para que você também se inclua entre os mais bem-sucedidos.

Importância de Criar Seu Próprio Conteúdo

A principal razão de criar seus próprios vídeos invertidos ser a melhor prática é o fato de que isso melhora a relação aluno-professor. Os alunos que veem o professor no vídeo percebem o esforço e a paixão dedicadas à aula e sentem uma ligação mais estreita com o profissional e com o conteúdo que está sendo apresentado. Os alunos também passam a encará-lo como especialista no assunto, o que também contribui para a sua credibilidade. A criação de seu próprio conteúdo ainda pode dirimir o mito comum de que os alunos de aula invertida geralmente transmitem aos pais. "Meu professor não está mais ensinando". Se você apresenta apenas vídeos invertidos disponíveis *on-line*, os alunos têm razão para ter essa percepção. No entanto, ao criar seus próprios vídeos, você elimina de imediato esse equívoco.

Apêndice A   Melhores Práticas para Produzir Vídeos Didáticos de Qualidade

Atente para um detalhe importante. Você pode inverter usando conteúdo de outros professores, mas, ao passar a produzir o seu próprio material didático, você estará adotando as melhores práticas que vimos reiteradamente em milhares de salas de aula em todo o mundo. Sim, o processo é demorado. Sim, talvez seja necessário desenvolver novas habilidades e tecnologias. Contudo, mais uma vez, esse esforço valerá a pena. E estamos aqui para ajudar. Comecemos com alguns dos poucos princípios fundamentais a serem observados na criação de seus vídeos invertidos.

Produção de Material Didático de Qualidade

Não recomendamos que você produza material didático abaixo do padrão. Quase todos os professores com quem interagimos nos dizem, simplesmente, que uma apresentação com *slides* em PowerPoint postada em um *site* é insuficiente. As pessoas esperam mais. Em uma cultura de mídias digitais de alta visibilidade, envolvendo baixa atenção, os alunos precisam de experiências breves, mas cativantes e convincentes, que facilitem a conexão tanto com o conteúdo quanto com o expositor. A maioria dos professores considera que o vídeo é, amiúde, a melhor maneira de realizar os objetivos da aprendizagem. Não se deixe, entretanto, obcecar pela pretensão de produzir o vídeo invertido perfeito. A produção de muitos vídeos de alta qualidade é melhor que ficar polindo um ou dois considerados "perfeitos".

Duração dos Vídeos Invertidos

Em uma aula típica, presencial, em que o professor "ensina", a exposição do material pode ser longa e extensa. Todos ficamos sentados durante uma apresentação monótona, que parece interminável, no PowerPoint. Ao implementar um modelo invertido, é importante manter o processo de aprendizagem conciso e objetivo.

Sempre ouvimos dos professores que não há como condensar o conteúdo de uma aula presencial de 45 minutos em um vídeo compacto e sinóptico. Depois de treinar milhares de professores em metodologias de inversão, aprendemos que é possível conciliar todos esses atributos. Tipicamente, os primeiros vídeos dos professores correspondem a cerca da metade de suas exposições presenciais, e, com a prática, vimos grande parte dos professores reduzir essa proporção para um terço. A princípio, nossos vídeos duravam de 15 a 25 minutos, e, à medida que aprimorávamos nossa produção de vídeo, conseguimos abreviar o conteúdo para a faixa 8 a 12 minutos. E, se o conteúdo adequado para atender às necessidades dos estudantes for mais longo, recomendamos que você desdobre o tema em bocados menores, do tamanho de uma mordida. Uma diretriz geral que recomendamos é 1 minuto para cada degrau do nível da turma. Por exemplo, se você estiver lecionando para uma turma da sétima série, a duração apropriada do vídeo seria de 7 minutos.

Construção da Interatividade

Simplesmente, não basta criar vídeos que serão vistos de maneira passiva. Ao contrário, tente incutir interatividade nos vídeos. O objetivo é que os alunos interajam com o conteúdo, o que, então, instiga-os a uma experiência presencial mais envolvente.

Orientação aos alunos para assistirem aos vídeos invertidos

Assistir a um vídeo instrutivo é diferente de assistir a um vídeo de entretenimento. Os alunos, inerentemente, sabem ver um filme de super-heróis, mas, em geral, precisam aprender a ver vídeos didáticos. Comparamos essa diferença à disparidade entre aprender a ler um compêndio, para fins didáticos, em vez se divertir com um romance. É uma habilidade que deve ser ensinada. Passe algum tempo na apresentação do seu curso, ensinando os alunos a interagir com o conteúdo do vídeo.

Uma técnica que foi eficaz para nós é um modelo de três passos, em que os alunos assistem ao vídeo duas vezes e, então, respondem a perguntas sobre o vídeo:

Passo 1: veja, ouça e processe. Os alunos veem e ouvem com atenção e processam as informações do vídeo. Eles são encorajados não a tomar notas, mas a apreciar e absorver o conteúdo.

Passo 2: pare e escreva. Os alunos anotam o que viram no vídeo. Isso assegura que eles tenham outra oportunidade para processar o que acabaram de ver, na medida em que descrevem os pontos principais do vídeo. Além disso, eles agora têm um registro da aprendizagem a que se referir durante a prática presencial na aula.

Passo 3: demonstre responsabilidade. Os alunos respondem a umas poucas perguntas depois de assistirem ao vídeo. Tipicamente, isso é feito no sistema de aprendizagem da escola e oferece contexto e informação para melhorar o aproveitamento do tempo de aula.

Apêndice A   Melhores Práticas para Produzir Vídeos Didáticos de Qualidade

A seguir, encontram-se algumas técnicas que podem ser usadas para melhorar a interação. Algumas das ferramentas são de baixa tecnologia, não demandando ferramentas tecnológicas sofisticadas, a não ser lápis e papel; outras são ferramentas digitais mais avançadas, que rastreiam e medem o engajamento do estudante.

Agendas. Podem ser tão simples quanto preencher as lacunas em uma "folha de orientação", um modelo, um fichário com perguntas, ou uma página com todos os gráficos e problemas necessários. Alguns professores até inserem um *QR code* na apostila, que levará os alunos diretamente ao respectivo vídeo invertido.

Estratégia 3-2-1. Nesta estratégia, os alunos registram três pontos que aprenderam no vídeo, duas perguntas sobre o conteúdo do vídeo e uma dúvida remanescente que ainda não foi esclarecida. Durante a aula, os alunos relatam os três pontos que aprenderam, interagem uns com os outros sobre as duas perguntas, e compartilham com os professores a única dúvida que ainda não dirimiram. E se os estudantes sentirem que apreenderam o conteúdo, eles elaboram um sumário com suas principais conclusões.

Ferramentas de avaliação. Muitas são as maneiras de receber *feedback* direto dos estudantes sobre um vídeo invertido. Ferramentas como formulários (Google Forms), pacotes de avaliação *on-line* e a maioria dos sistemas de gerenciamento da aprendizagem incluem recursos de questionários que fornecem *feedback* imediato sobre a aprendizagem.

Ferramentas de avaliação nos vídeos. Muitos serviços *on-line* contêm ferramentas que podem inserir perguntas no vídeo invertido. O vídeo fará uma pausa e pedirá a cada aluno para responder a uma pergunta ou solicitação. Os professores têm acesso a análises que lhes dizem quem viu o vídeo, como cada aluno assistiu ao vídeo e a que perguntas deram a resposta certa. Esses serviços também podem promover fóruns de discussões sobre o vídeo. Uma ferramenta de que gostamos é Edpuzzle (Edpuzzle.com). Também há muitas plataformas de hospedagem de vídeos em nível empresarial que facilitam a promoção de interações dentro dos vídeos, como produtos TechSmith (techsmith.com/Lecture-capture.html), VidGrid (vidgrid.com) e Panopto (panopto.com), para citar alguns.

118   Sala de Aula Invertida

Não existe uma maneira única de construir a interatividade. E não há uma ferramenta única que seja melhor para todos os professores. Descobrir o que funciona melhor em cada aula depende de muitos fatores, e cada professor deve encontrar o conjunto certo de técnicas, ferramentas e sistemas de interatividade.

Princípios do Bom Desenho Digital

Richard Mayer fez pesquisas extensas sobre como as pessoas aprendem melhor quando assistem a apresentações em multimídia, e resumiu suas descobertas em 12 princípios que serão expostos a seguir (Mayer, 2021). Embora estejamos aplicando esses princípios a vídeos invertidos (nossos comentários em itálico seguem as definições de Mayer), eles são válidos para qualquer conteúdo multimídia como ferramenta de aprendizagem.

1. **Princípio da coerência:** As pessoas aprendem melhor quando excluem, em vez de incluírem, palavras, imagens e sons estranhos. Mantenha seus vídeos e textos preparatórios para a aprendizagem simples e focados. *Excesso de detalhes pode distrair a aprendizagem. Você não quer sobrecarregar os alunos.*

2. **Princípio da sinalização:** As pessoas aprendem melhor quando são incluídas pistas que salientam a organização do material essencial. *Inclua, desde o início, critérios de ordenação e simplificação para que os alunos possam acompanhar com clareza o vídeo invertido.*

3. **Princípio da redundância:** As pessoas aprendem melhor com gráficos e narrações, do que com gráficos, narrações e textos na tela. *Se você simplesmente ler o texto que já está na tela, a aprendizagem diminui.*

4. **Princípio da continuidade espacial:** As pessoas aprendem melhor quando palavras e imagens correspondentes são apresentadas próximas entre si do que distantes entre si na página ou tela. *Empenhe-se para que textos e gráficos correlatos apareçam próximos uns dos outros na tela.*

5. **Princípio da contiguidade temporal:** As pessoas aprendem melhor quando palavras e imagens correspondentes são apresentadas simultaneamente em vez de sucessivamente. Se você usar o recurso de *voiceOver* (locução sobreposta), sincronize-o com o que estiver acontecendo na tela. *Evite o desencontro entre palavras e imagens.*

Apêndice A   Melhores Práticas para Produzir Vídeos Didáticos de Qualidade

6. **Princípio da segmentação:** As pessoas aprendem melhor com recursos multimídia apresentados em segmentos, no ritmo dos usuários em vez de em unidades contínuas. *Mantenha a brevidade dos seus vídeos.*

7. **Princípio do treinamento prévio:** As pessoas aprendem melhor com recursos multimídia quando estão familiarizadas com as denominações e características dos principais conceitos. *Ao adotar novos termos, o vídeo invertido será mais eficaz se os alunos tiverem uma "folha de dicas" a que recorrer.*

8. **Princípio da modalidade:** As pessoas aprendem melhor com gráfico e narrações do que com animações e textos na tela. *A narração é melhor do que textos longos na tela – por maior que seja a criatividade na apresentação do texto.*

9. **Princípio multimídia:** As pessoas aprendem melhor com palavras e imagens do que apenas com palavras. *Acrescente anotações breves a quaisquer imagens em seu vídeo invertido.*

10. **Princípio da personalização:** As pessoas aprendem melhor com recursos multimídia quando se adota estilo informal de conversa do que quando se segue estilo formal. *Não soe artificial. Seja espontâneo, seja você mesmo.*

11. **Princípio da voz:** As pessoas aprendem melhor com recursos em multimídia quando a narração adota tom humano e amigável, evitando tom mecânico e impessoal. *Não use software de conversão de texto em fala. Invista em um bom microfone e seja você mesmo o narrador.*

12. **Princípio da imagem:** Nem sempre as pessoas aprendem melhor com recursos multimídia quando a imagem do narrador aparece na tela. *Gostamos de incluir nossa imagem em nossos vídeos, mas não é absolutamente necessário que sua imagem apareça na tela.*

Seguindo o exemplo de Mayer, criamos nossa própria lista de bons princípios de *design* ao lançarmos como pioneiros a aprendizagem invertida no âmbito do ensino fundamental e médio. A seguir, apresentamos nossa lista das 12 dicas mais importantes a serem observadas ao criar vídeos invertidos.

1. **Mantenha os vídeos curtos.** Estamos lecionando à geração YouTube, e esses alunos querem bocados mastigáveis. Se você estiver ensinando a fórmula quadrática, atenha-se apenas à fórmula quadrática.

120   Sala de Aula Invertida

Não ensine nada mais. Embora seja tentador simplesmente reproduzir suas preleções nos seus vídeos, lembre-se de manter o foco: um tópico por vídeo. Com essa advertência em mente, tentamos manter nossos vídeos com duração inferior a 15 minutos, no máximo, e com menos de 10 minutos na melhor hipótese. Também concluímos que a orientação geral de "um minuto para cada degrau do nível da turma" é uma boa regra prática. Por exemplo, se você está lecionando na oitava série, almeje a duração de 8 minutos.

2. **Anime sua voz.** Ao produzir esses vídeos, é possível que você esteja usando algum tipo de *software* de apresentação de *slides*. As únicas coisas em que você deve concentrar a atenção de seus alunos, além dos *slides*, são a sua caneta e a sua voz. Mude sua inflexão e entonação. Torne os vídeos vibrantes. Se você optar por apresentar os seus vídeos ao vivo, diante dos alunos, sua inflexão será mais natural. Contudo, se você estiver falando para um computador, é muito importante animar sua voz e torná-la mais vibrante. Por exemplo, Jonathan, vez por outra, adota uma mistura de sotaque indiscernível de russo, alemão, francês, italiano, escocês. Alguns alunos se divertem com essa simulação, e eles sabem quando ele a incorporará. À medida que aumentamos nossa prática com o *software*, conseguimos relaxar e sermos nós mesmos diante de um computador. Você também melhorará seu desempenho, na medida em que produz cada vez mais vídeos. Seus primeiros vídeos não serão muito bons, mas, com a continuidade, eles melhorarão. Abrace o processo de aprendizagem.

3. **Trabalhe com um parceiro.** Ocorre algo muito importante quando se observam duas pessoas conversando em vez de uma falando.
Pense em sua ida para o trabalho, de manhã. Qual foi a última vez em que você ouviu apenas uma voz no rádio? As emissoras de rádio sabem que as conversas entre duas ou mais pessoas são muito mais interessantes que os monólogos. Nossos alunos confirmam essa nossa constatação. Duas cabeças (e vozes) são melhores que uma.
Os alunos aprendem mais. Como ambos lecionamos já há bastante tempo, sabemos em que tópicos os alunos terão mais dificuldade. Assim, um de nós assume o papel do estudante que está aprendendo o conteúdo, enquanto o outro representa o especialista. Os alunos nos dizem que esse diálogo os ajuda a compreender melhor o material.

Trabalhar com um parceiro também se revelou ótima maneira de introduzir outros professores na sala de aula invertida.

Apêndice A   Melhores Práticas para Produzir Vídeos Didáticos de Qualidade

Jonathan começou lecionando aos seus calouros aplicando o seu modelo de domínio invertido em 2009, e fez tudo sozinho.

No ano seguinte, toda a nossa equipe de professores de ciência novatos seguiu o modelo. De início, a equipe usou os vídeos de Jonathan, mas, então, ele começou a trabalhar com cada professor para criar seus próprios vídeos. Jonathan cuidou da tecnologia, enquanto o outro professor atuou como especialista, possibilitando que eles relaxassem no processo de produção do vídeo. Alguns relutaram em adotar o modelo invertido, porque se sentiram intimidados pela tecnologia necessária. Depois de trabalhar com Jonathan, eles perceberam que estavam simplesmente mantendo uma conversa, que foi gravada para os alunos.

4. **Acrescente o humor adequado.** Quase sempre, incluímos algum tipo de gracejo em nossos vídeos. Geralmente, fazemos isso no primeiro minuto de cada vídeo. Os alunos em geral adoram ou odeiam essa prática. Como eles sabem que a brincadeira durará apenas o primeiro minuto, os que gostam de nosso estranho senso de humor entram em sintonia e os que não gostam simplesmente vão em frente. Em uma dessas iterações de nossos vídeos, tivemos a piada de Jonathan tentando descobrir que instrumento ele deveria tocar. Quase sempre ele era ruim em quase tudo o que tentava, até que, finalmente, experimentou a gaita e tocou muito bem. Coisas assim despertam o interesse e imprimem certa excentricidade nos vídeos, o que ajuda a manter a concentração dos estudantes. Se você recorrer a humor na sala de aula, incorpore essa prática também em seus vídeos.

5. **O áudio é importante.** Se você estiver gravando um vídeo, certifique-se de que ele esteja sem ruídos e seja compreensível. Talvez pareça contraintuitivo, mas a qualidade do som é mais importante que a qualidade da imagem em um vídeo. Invista em um bom microfone e use sua voz de professor. Se os alunos não conseguirem entender o que você estiver dizendo, como poderão aprender?

6. **Não desperdice o tempo dos alunos.** Já vimos vídeos feitos por professores em que estes falam sobre seu time de futebol favorito durante 5 minutos. Os alunos estão ocupando seu próprio tempo, e esse tipo de dispersão indevida é apropriação indébita. Concentre-se em seu tópico.

7. **Use menos texto e mais imagem.** Como muitas preleções começam com exposições em PowerPoint, muitos professores tendem simplesmente a projetar *slides* cheios de textos. O vídeo é um recurso visual;

122   Sala de Aula Invertida

as imagens são mais importantes que o texto. Erre para o lado de mais imagens. O texto deve ser o *script* que você lê, e os *slides* precisam ser simples e limpos.

8. **Anote.** Veja sua tela como um quadro branco, com imagens legais. Use equipamento de anotação para incluir marcas à caneta. Acho que jamais teríamos aderido à sala de aula invertida se não houvesse o recurso de fazer anotações. Como, basicamente, ensinamos química, precisamos de algum tipo de quadro-negro em que escrever. Resolver problemas químicos complexos sempre envolveu escrever. Dispor de meios para escrever digitalmente na tela, pelo menos para nós, permitiu que a sala de aula invertida se tornasse realidade.

9. **Aprimore a exposição com videoclipes.** Se o seu principal método de criação for um *screencast*, junte videoclipes de outro material interessante ou relevante. Por exemplo, adicione um videoclipe de um professor mostrando como verificar o pulso de alguém em um vídeo sobre o sistema circulatório.

10. **Esteja presente com *picture-in-picture*.** As pessoas gostam de saber com quem estão aprendendo. Muitas ferramentas de *software* podem adicionar o *feed* da *webcam* de um professor em um *screencast*. Personalizar o aprendizado dessa forma torna o vídeo invertido mais autêntico. (Isso pode parecer uma contradição com o Princípio da Imagem de Mayer, mas a sua investigação aplicou-se apenas a uma imagem estática do professor que aparece no multimídia.)

11. **Faça perguntas.** Use algum tipo de ferramenta tecnológica para inserir perguntas no vídeo invertido. Essas perguntas podem ser formuladas no contexto do vídeo invertido ou incluídas em seu final.

12. **Respeite os direitos autorais.** Como os vídeos provavelmente serão postados *on-line*, certifique-se de que você está observando todas as normas referentes a direitos autorais. Use imagens que você próprio produziu ou que já caíram no domínio público; use músicas sem cobertura de *royalties*; e evite copiar e colar trechos de seus compêndios ou livros-textos, a menos que você esteja devidamente autorizado ou que não os vai apresentar em canais acessíveis ao público. Mencione os créditos devidos e inclua a fonte detentora ou a licença Creative Commons. Não somos advogados de direitos autorais nem os explicamos na TV. Por favor, consulte especialistas (por certo, um bibliotecário ou especialista em mídia) para não correr o risco de infringir direitos autorais alheios.

Apêndice A   Melhores Práticas para Produzir Vídeos Didáticos de Qualidade

PADRÃO ISTE EM AÇÃO

Leader (2.2.b)

Um dos aspectos mais notáveis do uso de tecnologia para criar salas de aula invertidas é a capacidade de proporcionar acesso igualitário ao conteúdo. Nem todos os nossos alunos, de modo algum, aprendem da mesma maneira ou na mesma velocidade. Alguns alunos têm dificuldade de processamento, sofrem de deficiências auditivas ou enfrentam barreiras linguísticas. Recorrer à tecnologia para inverter suas aulas, por meio de vídeos, projeções de *slides*, com ou sem áudios ou vídeos, e outros recursos, cria condições para que os alunos acessem o conteúdo da maneira que lhes for mais apropriada. Sempre uso *software* de produção de vídeos que admitem a criação de subtítulos, seja de maneira automática, como com YouTube, Screencastify, WeVideo Classroom, Canvas Studio, Microsoft Flip, ou manualmente, com outros *softwares* de criação de vídeos. Esse é um recurso de acessibilidade que deve ser oferecido a todos os alunos, e geralmente pode ser configurado de modo a ser traduzido para diferentes idiomas.

Oferecer a todos os alunos acesso ao conteúdo no modo invertido também permite que eles revisem o conteúdo, repitam ou pausem a reprodução do vídeo e processem o material disponível, tudo em seu próprio ritmo e conveniência. Exemplifico para os estudantes, em pequenos grupos, como interajo com o conteúdo digital, pausando o vídeo e explicando como processo o conteúdo, como se estivesse pensando em voz alta. Os alunos podem não usar todas as estratégias que lhes ofereço, mas ser capazes de usá-las na vida privada, se necessário, é um enorme benefício para todos, e inclui outra ferramenta em seu cinto de utilidades, para usar a qualquer momento.

– MORIAH WALKER, EDUCADORA DE SEGURANÇA CIBERNÉTICA,
LAKOTA LOCAL SCHOOLS, LIBERTY TOWNSHIP, OHIO, ESTADOS UNIDOS

Maneiras de Produzir Vídeo Invertido

Quando se pensa em aprendizagem invertida, logo vêm à mente estudantes assistindo a vídeos em casa. E, embora, basicamente, a aprendizagem invertida *não* envolva vídeos, a maioria das pessoas, *de fato*, usam vídeos em salas de aula invertida – e, nesse ponto, as semelhanças se dispersam. Em nossas viagens, temos visto professores recorrerem a ampla variedade de métodos para produzir vídeos invertidos. Portanto, se você não se sentir à vontade conversando com uma lente, há outras opções!

Vídeo Simples

O vídeo gravado a partir de uma câmera ou dispositivo móvel pode ser uma ferramenta altamente eficaz. Praticamente todo mundo sabe gravar vídeos com seus *smartphones*, e os vídeos criados dessa forma são especialmente bons para demonstrar uma habilidade ou processo. Conhecemos um professor de olaria que cria vídeos invertidos sobre as várias maneiras de usar a roda de oleiro. Outro professor faz vídeos de culinária para seu curso de gastronomia. Outra professora arma seu *smartphone* em um tripé, que grava suas aulas de matemática diante de um quadro branco.

Screencasting

De longe, a maneira mais comum de os professores criarem vídeos para a aprendizagem invertida é por meio de *screencasting*. Os programas de *screencasting* registram tudo o que está acontecendo na tela de seu computador, junto com o áudio, e, em alguns casos, com o *feed* da *webcam*. Os professores tipicamente produzem uma aula ou exposição em PowerPoint da Microsoft ou em aplicativo semelhante, e, em seguida, usam um programa de *screencasting* para gravá-los ensinando com a apresentação de *slides*. É possível até incluir desenhos digitais sobre os *slides*, à medida que você ensina, para melhorar a qualidade da produção. Se o seu conteúdo exige algum tipo de *software* de demonstração, *screencasting* é imprescindível. A Tabela A.1 oferece uma lista de alguns programas de *screencasting* que talvez convenham conhecer; há algo para todos os sistemas operacionais e dispositivos.

Tabela A.1 Programas de *screencasting* recomendados.

Programa	Plataforma	Descrição	Aprenda mais
ScreenPal	Windows, macOS	Ferramenta *de gravação de tela baseada na web*	
Snagit	Windows, macOS	Ferramenta para captação de tela e imagem ou edição de vídeos curtos	
Camtasia	Windows, macOS	*Software* premium de *screencasting* e edição	

(continua)

Apêndice A   Melhores Práticas para Produzir Vídeos Didáticos de Qualidade

Tabela A.1 Programas de *screencasting* recomendados. *(Continuação)*

Programa	Plataforma	Descrição	Aprenda mais
Screencastify	Windows, macOS	*Plug-in* de *screencasting* para navegador Chrome	
ScreenFlow	macOS	*Software premium* de *screencasting* para Mac	
Explain Everything	Android iPadOS, iOS	Ferramenta para criação de vídeo em iPad	
ShowMe	iPadOS, iOS	Sistema de criação e entrega de vídeo	
Educreations Interactive Whiteboard	iPadOS	Ferramenta de quadro branco interativo e *screencasting*	

126   Sala de Aula Invertida

PADRÃO ISTE EM AÇÃO

Leader (2.2.a)

A criação de vídeos por meio de *software screencasting* tem sido ferramenta útil para orientar os alunos em vídeos didáticos. Frequentemente, alunos se sentem mais à vontade com essas tecnologias do que os professores. Muitos alunos, especialmente os que terminam as tarefas mais cedo, gostam de ajudar a criar vídeos instrutivos para que eu use em minhas sessões de treinamento.
Aí se incluem trabalhos simples como adicionar novas fontes aos Documentos Google (Docs) ou mudar o tema no navegador Chrome. Os alunos curtem a ideia de que eles fazem vídeos que são usados para treinar outros estudantes ou até professores! Permitir que os alunos ajudem em vídeos simples do tipo "*como fazer*" diminui a pressão sobre mim e me dá mais tempo para outras atribuições, além de oferecer-lhes uma oportunidade para participar do processo de aprendizagem de todos na sala de aula (e além). Mesmo que os vídeos "*como fazer*" sejam simples e talvez não pareçam algo a que devamos dedicar muito tempo, eles desenvolvem habilidades da vida real que me são solicitadas com frequência. Usar um vídeo de um aluno explicando como executar uma tarefa produz muitos efeitos positivos ao mesmo tempo.

– LANCY COLLINS, TREINADORA INSTRUCIONAL DE TECNOLOGIA
PK-12, HOMER CENTRAL SCHOOLS, HOMER, NOVA YORK, ESTADOS UNIDOS

Quadros de Luz

Se você frequentemente usa um quadro branco, mas prefere encarar os seus alunos durante a aula, pense em usar um quadro de luz. Quadro de luz é um vidro em que você pode desenhar para enfatizar um conteúdo específico. Como é de vidro, você pode olhar através do quadro para os alunos (e para a câmera) no outro lado e eles podem vê-lo, enquanto você ensina os conceitos. Com *software* de edição mais poderoso, é possível sobrepor imagens e vídeos no vídeo do quadro. Muitas escolas aceleraram o lançamento de suas salas de aula invertidas, produzindo ou comprando seus próprios quadros de luz como estúdios. Você pode aprender mais sobre quadros de luz em lightboard.info, revolutionlightboards.co ou learning.glass.

Câmeras de Documentos

Muitas escolas têm câmeras de documentos que projetam uma imagem plana na tela, mas por acaso você já se deu conta de que essas câmeras também são capazes de gravar vídeos? Assim é quando a câmera é conectada a um computador, via um hub USB. Algumas das mais novas câmeras de documentos podem gravar sem estarem conectadas a um computador, guardando os arquivos de vídeos em um cartão SD.

Vídeos de Animação

Todos vocês já viram os clipes legais em que alguém desenha rapidamente na tela acompanhado por uma *voiceOver* (locução sobreposta). Esse recurso é muito usado em propaganda. Afinal, não há lugar em que a pressão para ser extremamente envolvente no mínimo de tempo é maior do que em propaganda. Esses vídeos são cativantes e podem ser muito eficazes. Para criar com facilidade suas próprias animações, verifique Powtoon (powtoon.com), VideoScribe (videoscribe.co) e Moovly (moovly.com).

Realidade Aumentada

O surgimento de jogos como Pokémon GO demonstrou a viabilidade da realidade aumentada. Muitos professores de aulas invertidas agora estão criando alguns vídeos invertidos usando realidade aumentada. Com um Merge Cube (mergeedu.com/cube) e um aplicativo em seu *smartphone*, por exemplo, é possível exibir um holograma em 3D de um cérebro humano em suas mãos e descrever as partes. Isso pode ser convertido em um vídeo que os alunos podem ver como seus vídeos invertidos.

Adição de Perguntas aos Vídeos

Uma maneira de tornar seus vídeos invertidos interativos e dinâmicos é fazer com que os alunos respondam a instigações e perguntas acerca do vídeo. Esse recurso lhe proporciona *feedback* valioso, que incute responsabilidade nos alunos, ajuda-o a aferir a compreensão dos alunos e aprimora suas instruções.

Importância das Perguntas

Você pode distribuir perguntas por todo o vídeo ou concentrá-las no final do vídeo. Qual é a alternativa mais eficaz? Ocorre que o lugar em que se incluem as perguntas não importa tanto quanto as perguntas em si.

Um estudo do psicólogo Dr. Henry Roediger, da Universidade de Washington, em St. Louis (2007), comparou os efeitos de perguntas em um vídeo invertido, distribuídos em três grupos:

- O primeiro grupo viu um vídeo sem a inclusão de perguntas
- O segundo grupo assistiu a um vídeo com perguntas intercaladas. O vídeo fazia uma pausa nas perguntas para os alunos responderem
- O terceiro grupo viu o vídeo com perguntas no final.

Quando os alunos foram testados 6 semanas depois, havia poucas diferenças entre os que responderam a perguntas intercaladas em todo o vídeo e os que responderam a perguntas no incluídas no final do vídeo. Os que responderam aos vídeos sem perguntas, contudo, demonstraram níveis de retenção total muito mais baixo. A conclusão óbvia é que as perguntas contribuem em muito para o processo de aprendizagem

Tipo de Perguntas

Ao incluir perguntas em um vídeo invertido, outro desafio enfrentado por muitos professores é determinar o nível de dificuldade das perguntas. Em geral, perguntas referentes a conhecimento e compreensão, conforme a taxonomia de Bloom (Bloom, 1956), são as melhores. Essas perguntas capacitam os estudantes a avaliar seu nível de compreensão e os ajudam na rememoração crítica. Basear-se na taxonomia de Bloom como guia é, em geral, uma boa regra prática.

Sugerimos a inserção de um estímulo expresso mais no final do vídeo. Assumindo que a resposta seja apresentada e meio eletrônico, o exame das respostas pode oferecer boa percepção do nível da compreensão e engajamento dos alunos em relação ao tópico. Por exemplo, você poderia perguntar:

- O que você não compreendeu no vídeo?
- O que o deixou curioso depois de assistir ao vídeo?
- O que você acha de...?
- O que você prevê que acontecerá em seguida com...?

Frequentemente, os alunos fazem perguntas em suas respostas, o que pode revelar conceitos equivocados e não só sugerir melhor uso do tempo de aula, mas também fornecer *feedback* para a reformulação do vídeo invertido, de modo a deixá-lo mais claro e mais objetivo.

Perguntas a Serem Feitas Antes do Vídeo

Shana K. Carpenter e Alexander Toftness, da Universidade do Estado de Iowa, estudaram os efeitos de fazer perguntas aos estudantes antes da apresentação dos vídeos (2017). Eles descobriram que a formulação de perguntas estratégicas capazes de facilitar o acesso a conhecimentos anteriores e de preparar os alunos para a aprendizagem melhorou

Apêndice A   Melhores Práticas para Produzir Vídeos Didáticos de Qualidade

substancialmente a aprendizagem dos alunos. Steve Griffiths, professor de ciência do ensino médio, em Queensland, Austrália, fez experiências com perguntas prévias e afirmou que as mais eficazes adicionam um gancho para os alunos ou associam novos conteúdos ao conhecimento que os alunos já dominam. Ele relata que constatou melhorias nas respostas dos alunos a perguntas posteriores ao vídeo em consequência da formulação de perguntas prévias.

Outras Ferramentas Além do Vídeo

Como já dissemos, a aprendizagem invertida não se resume a vídeos. O âmago da aprendizagem invertida é a inversão da maneira como os alunos interagem com o conteúdo à sua maneira e no seu próprio ritmo, em vez de na sala de aula. Com esse princípio em mente, são muitos os meios que você pode usar. A pergunta a ser feita é: Qual é o melhor meio para apresentar aos alunos "as coisas fáceis", ou, isto sim, os níveis mais baixos da Taxonomia de Bloom?

Inversão com Texto

Muitos professores usam conteúdo invertido com base em textos para os alunos. Em vez de passar vídeos para os alunos, Eric Mazur, professor de física na Universidade Harvard e um dos pioneiros na adoção da aprendizagem invertida, passa leituras para os alunos e pede-lhes que comentem o conteúdo *on-line*, usando a plataforma Perusall (Perusall.com). A ferramenta, que o desenvolvedor denomina "plataforma de anotação social *on-line*", permite que os alunos leiam os comentários uns dos outros e, então, também os comentem. A plataforma usa algoritmos de linguagem de máquina avançada para analisar os comentários dos alunos e identifica as dificuldades deles. Ao preparar a aula, Eric usa a plataforma para criar um relatório de "confusão", que, então, orienta o que acontece durante a aula.

Outras opções de inversão usando texto são as plataformas InsertLearning e Actively Learn. O InsertLearning (InsertLearning.com) capacita os educadores a promover interações em qualquer página da *web*. É possível adicionar notas, perguntas e debates, e, então, rastrear as respostas dos alunos. ActivelyLearn (ActivelyLearn.com) habilita-o a adicionar interações em livros, *websites* e arquivos. Você pode incluir perguntas, *links* e comentários, e, então, a ferramenta fornece análises detalhadas das interações dos estudantes, quanto tempo um aluno passou lendo o texto e que interações ocorreram durante o uso da ferramenta.

130   Sala de Aula Invertida

Arquivos de Vídeo

Além dos conteúdos de aprendizagem baseados em vídeo e em texto, a inversão com arquivos de vídeo também pode exercer impacto significativo. Uma vantagem dos arquivos de vídeo é se integrarem com mais facilidade na vida diária dos alunos, que podem ouvi-los durante o percurso de ida e volta à escola, por exemplo.

Intervalo Ideal entre Pré-Trabalho e Trabalho em Sala de Aula

Em 2013, pesquisadores da York University e da Santa Clara University pediram a estudantes universitários para aprender 20 pares de palavras suaíli-inglês (Bell et al., 2014). Constituíram-se quatro grupos:

- Os estudantes do primeiro grupo aprenderam as palavras e, logo em seguida, foram submetidos a um teste

- Os estudantes do segundo grupo aprenderam as palavras de manhã, e então foram submetidos a um teste de memória

- Os estudantes do terceiro grupo aprenderam os pares à noitinha, no fim da tarde, tiveram uma noite de sono e fizeram o teste 12 horas mais tarde

- Os estudantes do quarto grupo tiveram um intervalo de 24 horas entre a aprendizagem e o teste.

Quando os grupos foram testados, praticamente não se observaram diferenças entre os escores. No entanto, o estudo prosseguiu para examinar a retenção a longo prazo, e os estudantes foram testados depois de 10 dias. Esses novos resultados foram espantosos. Quanto maior o período transcorrido entre a aprendizagem e o teste, maior era a retenção a longo prazo. No entanto, as diferenças entre os estudantes do segundo e do terceiro grupo também apresentaram resultado interessante, no sentido de que, embora os estudantes de ambos os grupos tenham tido um intervalo de 12 horas entre a aprendizagem e o teste, os estudantes que tiveram uma noite de sono entre as sessões apresentaram melhor desempenho.

Esse estudo é um dos muitos sobre o efeito do sono na retenção a longo prazo, e a implicação é clara. É melhor que os alunos expostos ao material introdutório durmam sobre a aprendizagem e, então, a ponham em prática, se retenção e mudança a longo prazo forem desejáveis.

APÊNDICE B

Temos Respostas (Dúvidas Frequentes)

Esperamos que, a esta altura, você já tenha visto os benefícios da sala de aula invertida e esteja pensando em como colocá-la em prática no seu contexto. Isso significa, obviamente, que vocês devem ter perguntas. O que se segue são respostas a algumas dúvidas que ouvimos várias vezes em nossas viagens, e é provável que suas dúvidas sejam abordadas aqui. Torcemos também para que você possa aprender com nossos erros.

Sem dúvida, há mais de uma maneira de adotar a sala de aula invertida. O que, então, há de comum entre todas as salas de aula invertidas?

Acredite ou não, nem todas as salas de aula invertidas usam vídeos como ferramenta instrucional. A sala de aula invertida não se organiza em torno de vídeos, mas a maioria das pessoas que invertem a sala de aula usam vídeos como meio de oferecer instruções diretas. A única característica em comum de todas as salas de aula invertidas é a do desejo de redirecionar a atenção na sala de aula, afastando-a do professor e concentrando-a nos aprendizes e na aprendizagem. Para tanto, a maioria dos professores em sala de aula invertida faz a seguinte pergunta: o que posso remover de meu tempo de aula que não exige minha presença física e substituir por alguma outra coisa que melhorará com a minha presença? A maior parte dos professores (mas nem todos) que invertem a sala de aula responde a essa pergunta, identificando "preleções" ou "instruções diretas". Sem dúvida, você realmente precisa inverter a sala de aula para redirecionar a atenção até então concentrada no professor, e muitos são os modelos e métodos educacionais valiosos que ajudam o professor a conseguir esse resultado. A sala de aula invertida é uma dessas ferramentas, mas não é o único meio disponível.

Apêndice B   Temos Respostas (Dúvidas Frequentes)

E quanto aos alunos que não assistem aos vídeos?

Como grande parte das instruções diretas é fornecida em vídeos, os alunos que não os veem não estão preparados para a aula. Na verdade, quando eles não fazem o dever de casa de assistir ao vídeo, perdem totalmente o conteúdo. É como se tivessem faltado à aula no modelo convencional. Quem não assiste aos vídeos em casa pode vê-los na sala de aula. Mas esses alunos que usam a sala de aula para assistir aos vídeos perdem o tempo valioso de interação com o professor, quando este perambula pela sala de aula e ajuda os alunos. Como todas as tarefas atualmente são executadas na sala de aula, esses alunos, ao assistirem aos vídeos em aula, voltam a fazer as tarefas em casa, regredindo ao modelo tradicional. Felizmente, eles logo se dão conta de que é melhor contar com o professor como fonte de ajuda e orientação do que simplesmente trabalhar em suas tarefas, o que os leva, de fato, a assistirem aos vídeos em casa para aproveitar o tempo disponível em sala com o professor. Esse é o mais poderoso fator de motivação para a maioria dos alunos.

A não inversão aumenta o tempo para fazer o dever de casa, principalmente se os alunos assistirem a vídeos de outras disciplinas?

Em nosso caso, o tempo que os alunos passam assistindo a vídeos é mais ou menos o mesmo que dedicavam aos deveres de casa tradicionais. E, em muitos casos, destinam hoje menos tempo aos vídeos, porque antes, no modelo antigo, os alunos que tinham dificuldade com o conteúdo perdiam mais tempo com a execução das tarefas que não compreendiam bem. Nossos alunos matriculados em mais de uma disciplina em que assistem a vídeos não se queixam de terem mais deveres de casa do que antes.

Se a cultura de sua escola for a de não passar trabalho de casa para os alunos, ainda é possível inverter a sua aula. No entanto, será necessário planejar a sua aula para que todo o trabalho (assistir a vídeos, outras atividades práticas e avaliações) possa ser feito em sala de aula durante o horário escolar. Sem dúvida, seria algo muito mais parecido com uma aula assíncrona de aprendizagem para o domínio. Curiosamente, alguns de nossos melhores alunos concluíram que podem trabalhar com rapidez e eficácia suficientes para completar todos os trabalhos em sala de aula. Esses alunos não se dedicam a nenhuma atividade de aprendizagem formal, inclusive assistir a vídeos, fora da sala de aula.

Lembre-se de que a sala de aula invertida não precisa ter vídeos, nem os vídeos precisam ser vistos em casa. O objetivo de interver a sala de aula é

134   Sala de Aula Invertida

deslocar para o aprendiz a atenção que antes se concentrava no professor. Se for o caso de usar vídeos a serem assistidos preferencialmente em sala de aula, é preciso, primeiro, garantir acesso adequado e equitativo à tecnologia apropriada antes de embarcar no empreendimento. Essa condição não deve desanimar o pretenso "inversor", mas ela deve ser cumprida antes de avançar nessa direção. Seria antiético adotar um ambiente educacional acessível a somente alguns alunos. Ao lidar conscientemente com questões de equidade antes de aderir à aula invertida, é possível adotar o modelo, não importa quais sejam as circunstâncias. Como educadores, nunca devemos descartar nenhuma ferramenta didática somente por causa do potencial de injustiça. O fato de a inversão da sala de aula não ser adequada em certo contexto não significa que o modelo não possa ser adotado em outro contexto. Devemos pensar com criatividade, resolver o problema pendente e perseguir o melhor para os nossos alunos. A injustiça só existe porque permitimos que exista. Desenvolva um ambiente de aprendizagem equitativo e avance; se você não puder criar um contexto justo, não inverta.

Como vender a ideia à administração?

Quando iniciamos a inversão de nossas salas de aula, simplesmente embarcamos. Não pedimos aprovação prévia à administração – partimos de imediato para a ação. Trabalhamos em uma ótima escola, em que os administradores são solidários, e sempre nos sentimos livres para fazer o melhor para os alunos. Pouco antes de adotarmos o método de inversão, a superintendente-assistente entrou em nossa sala de aula para saber o que estava acontecendo. Depois de ver tantos alunos engajados na aprendizagem, ela nos convidou a apresentar o modelo ao conselho da escola. Nossa mensagem foi bem recebida pelos conselheiros, que apoiaram integralmente as mudanças que estávamos fazendo, ao reconhecerem como eram importantes para os nossos alunos. Com efeito, quando lhes expusemos nossas dificuldades, eles de imediato substituíram nossos computadores inadequados.

Você talvez esteja em dúvida sobre os desafios que enfrentará ao apresentar o modelo aos administradores. Simplesmente não sabemos. Tivemos sorte, mas ouvimos uma série de relatos de experiências dos professores que conhecemos e mentoreamos. Um, por exemplo, primeiro se comprometeu a inverter uma unidade instrucional de seu currículo e convidou o diretor da escola para assistir ao processo de aprendizagem dos alunos. Ao constatar como os alunos estavam engajados, o diretor rapidamente deu carta branca

Apêndice B Temos Respostas (Dúvidas Frequentes)

para a professora. Outros que inverteram nos dizem que tiveram de passar por um longo processo de fornecer justificativas e pesquisas para comprovar que o modelo funciona.

Como conseguir a adesão dos pais?

A comunidade de pais de nossa escola é muito solidária e participativa. Quando iniciamos o método de inversão da sala de aula, a principal preocupação era com o acesso aos vídeos. Como conseguimos resolver o problema, a maioria dos pais ficou curiosa sobre o novo método. Depois de explicarmos as razões para a inversão, os pais, em geral, compreenderam e apoiaram a iniciativa. Na reunião de professores e pais, no início do ano letivo, e em carta posterior, explicamos o que era a inversão, por que a estávamos fazendo e como prosseguiríamos. Descobrimos, então, que a comunicação esclarecedora e consistente com os pais era muito importante quando se adotava alguma abordagem inovadora. A sala de aula invertida é muito diferente do que os pais haviam experimentado em seus anos escolares, mas a maioria acaba aprovando a proposta.

A mãe de uma aluna de Jonathan manifestou, no início, preocupação com o modelo. Ela achava que pretendíamos adotar aulas *on-line* e que sua filha não interagiria com o professor de maneira regular. Depois de compreender inteiramente o modelo, enviou um *e-mail* para Jonathan agradecendo por efetivamente aumentar a interação com sua filha. Também observou que, na sala de aula invertida, a menina conseguia mais facilmente ter acesso ao professor do que sob o modelo convencional.

O que fazer com alunos que não se engajam?

Gostaríamos de ter uma solução mágica para resolver todos os problemas da educação que existem hoje. Infelizmente, porém, não temos. Antes de adotarmos a sala de aula invertida, a taxa de fracasso era de mais ou menos 10%. Com a sala de aula invertida, a taxa de fracasso continuou em torno de 10%; com o modelo invertido de aprendizagem para o domínio, a taxa de fracasso se manteve em torno do mesmo nível de 10%. Infelizmente, não temos uma resposta para essa rigidez no resultado e ainda não conseguimos resolver o problema. O que podemos dizer é: como atualmente conhecemos melhor os alunos, em consequência de passarmos mais tempo interagindo com eles, percebemos que cada um dos estudantes que não alcançaram os objetivos tem uma história. A maioria enfrenta dificuldades na vida e a escola não é a prioridade para essas crianças. Conhecê-las melhor nos permite oferecer o apoio necessário.

136 Sala de Aula Invertida

Um aluno, em especial, expressou grande preocupação com o modelo invertido de aprendizagem para o domínio e partiu para violentas agressões verbais contra Jonathan. Depois de conversar mais profundamente com o aluno, nós e os orientadores descobrimos alguns dos principais problemas da vida dele. Ele continuava obtendo maus resultados na escola, mas já estava recebendo a ajuda necessária dos orientadores. Embora o modelo invertido de aprendizagem para o domínio não seja diretamente responsável por oferecer aos estudantes com dificuldades a ajuda necessária fora do âmbito acadêmico, a nova abordagem permitiu que os conhecêssemos melhor, além do que seria possível na sala de aula tradicional, e possibilitou que lhes apontássemos os rumos mais promissores.

Quem faz os vídeos?

Quando começamos, produzíamos todos os vídeos pessoalmente. Aaron trabalhava com a Unidade 1 de Química, enquanto Jonathan se dedicava à Unidade 1 da mesma disciplina para o exame de *Advanced Placement* (AP). Sorteávamos, então, qual professor lecionaria em cada turma. Com o passar do tempo, e depois de lançarmos a segunda versão de nossos vídeos (os da primeira não ficaram muito bons), passamos a fazê-los juntos. Esse trabalho conjunto melhorou muito a qualidade. Hoje, os vídeos funcionam mais como uma conversa sobre ciências do que uma apresentação de conhecimentos científicos. Depois de nossos vídeos se tornarem alvos de alguma notoriedade, passamos a receber informações de professores de todo os Estados Unidos que estavam usando os vídeos como material de apoio em suas aulas ou, em alguns casos, como principal meio de instrução em suas turmas. Está tudo bem em usar vídeos de outros professores! Você não precisa fazer todos eles ou tudo sozinho. Sem dúvida, é bom que os alunos ouçam a voz de seu próprio professor, leiam manuscritos e vejam a imagem dele no vídeo instrucional. Porém, como ponto de partida, não há nada de errado em usar material de outros professores. Aos poucos se passa a produzir os próprios recursos e a desativar os alheios.

Como encontrar tempo para produzir os vídeos?

Como havíamos assumido o compromisso, no primeiro ano, de preparar antecipadamente *todo* o material de aula em vídeo, de alguma maneira cumprimos o prometido. Jonathan é uma pessoa matutina, e não raro você o encontra na escola às 6 horas da manhã, preparando os vídeos de química. Aaron, como ave noturna, é visto com frequência na lavanderia de sua casa,

Apêndice B Temos Respostas (Dúvidas Frequentes)

produzindo vídeos, depois de levar seus filhos para dormir. De um modo ou de outro, produzimos resultados. Quando resolvemos trabalhar como uma equipe, geralmente chegávamos cedo à escola ou trabalhávamos até tarde, noite adentro. Isso certamente exigiu muito tempo, mas valeu a pena.

Agora que construímos uma biblioteca de vídeos, temos apenas de ajustar e refinar alguns vídeos todos os anos. Sim, produzir seus próprios vídeos será difícil e demorado no início, mas garantimos que o esforço será recompensado. Para o bem de seus alunos, assuma esse compromisso. Você – e eles – ficarão felizes com os resultados.

Bibliografia

Akçayır, G., & Akçayır, M. (2018). The flipped classroom: A review of its advantages and challenges. *Computers & Education*, 126, 334-345. doi.org/10.1016/j. compedu.2018.07.021.

Anderson, A., Franke, L., & Franke, W. (2017). Are your students flipping prepared? *Iowa State University Digital Repository*. dr.lib.iastate.edu/handle/20.500.12876/15587.

Baker, J. W. (2016, June). The origins of "the classroom flip." *Proceedings of the 1st Annual Higher Education Flipped Learning Conference*, Greeley, Colorado.

Bell, M. C., Kawadri, N., Simone, P. M., & Wiseheart, M. (2014). Long-term memory, sleep, and the spacing effect, *Memory, 22*(3), 276-283. doi.org/10.1080/09658211. 2013.778294.

Bergmann, J. (2022). *The mastery learning handbook: A competency-based approach to student achievement*. ASCD.

Bloom, B. S. (1956). *Taxonomy of educational objectives, handbook I: The cognitive domain*. David McKay Co Inc.

Bloom, B. S. (1971). Mastery learning. In J. H. Block (Ed.), *Mastery learning: Theory and practice* (pp. 47-63). Holt, Rinehart and Winston.

Carpenter, S. K., & Toftness, A. R. (2017). The effect of prequestions on learning from video presentations. *Journal of Applied Research in Memory and Cognition, 6*(1), 104-109.

CAST. (2018). *Universal Design for Learning Guidelines version 2.2.* udlguidelines.cast.org.

Clayton Christensen Institute. (2023). *Blended learning models*. Blended Learning Universe. blendedlearning.org/models.

Durak, H. Y. (2018). Flipped learning readiness in teaching programming in middle schools: Modelling its relation to various variables. *Journal of Computer Assisted Learning, 34*(6), 939-959. doi.org/10.1111/jcal.12302.

Durak, H. Y. (2019). Examining the acceptance and use of online social networks by preservice teachers within the contexto of unified theory of acceptance and use of technology model. *Journal of Computing in Higher Education*, 31, 173-209. doi.org/10.1007/s12528-018-9200-6.

Fu, M. Y. (2015, September 2). Medical school overhauls curriculum with major redesign. *The Harvard Crimson*. www.thecrimson.com/article/2015/9/2/hms-curriculum-major-revamp.

Heo, H. J., & Chun, B. A. (2018). Improving the higher order thinking skills using flipped learning: Focused on the in-class activities with problem posing and solving. *Asia Life Sciences. 15*(4), 2187-2199.

Jantakoon, T., & Piriyasurawong, P. (2018). Flipped classroom instructional model with mobile learning based on constructivist learning theory to enhance critical thinking. *Journal of Theoretical and Applied Information Technology. 96*(16), 5607-5614.

Karpicke, J. D., & Roediger, H. L., III. (2007). Repeated retrieval during learning is the key to long-term retention. *Journal of Memory and Language, 57*(20), 151-162. doi.org/10.1016/j.jml.2006.09.004.

Kim, E-J. (2020). A case study on the development and application of flipped learning based clinical dental hygiene curriculum. *Journal of Korean Society of Dental Hygiene, 20*(2), 155-166. doi.org/10.13065/jksdh.20200015.

King, A. (1993). From sage on the stage to guide on the side. *College Teaching, 41*(1), 30-35.

Lage, M. J., Platt, G. J., & Treglia, M. (2000). Inverting the classroom: A gateway to creating an inclusive learning environment. *Journal of Economic Education, 31*(1), 30-43.

Malin, M. H., & Ginsberg, D. I. (2018). Flipping the classroom to teach workplace ADR in an intensive environment. *Journal of Legal Education. 67*(2), 615-625.

Mayer, R. E. (2021). Cognitive theory of multimedia learning. In R. E. Mayer & L. Fiorella (Eds.), *The Cambridge Handbook of Multimedia Learning* (3rd edition) (pp. 57-72). Cambridge University Press. doi.org/10.1017/9781108894333.008.

Nielsen, P. L., Bean, N. W., & Larsen, R. A. A. (2018). The impact of a flipped classroom model of learning on a large undergraduate statistics class. *Statistics Education Research Journal, 17*(1), 121-140.

Pink, D. (2010, September 22). What a high school álgebra teacher can teach us about innovation. *Daniel H. Pink*. www.danpink.com/2010/09/what-a-high-school-algebrateacher-can-teach-us-about-innovation.

Segumpan, L. L. B., & Tan, D. A. (2018). Mathematics performance and anxiety of junior high school students in a flipped classroom. *European Journal of Education Studies*. 4(12), 1-33. dx.doi.org/10.5281/zenodo.1325918.

Talbert, R. (2015, January). Toward a common definition of "flipped learning." *The Chronicle of Higher Education*, 13-14.

Zhang, S. (2018). *A systematic review and meta-analysis on flipped learning in science education* [Thesis]. University of Hong Kong, Pokfulam, Hong Kong SAR.

Índice Alfabético

A

Acesso à internet, 21
Actively Learn, 58, 130
Adesão dos pais, 136
Adição de perguntas aos vídeos, 128
Advanced Placement (AP), 5, 21
Agendas, 118
Ajuste sua sala de aula, 87
Aluno(s)/estudante(s)
- ajuda, 89
- conteúdo criado pelos, 49
- com diferentes habilidades, 29
- enfrentam dificuldades, 28
- engajamento, 77
- gerenciem
- - próprio tempo, 88
- - carga de trabalho, 88
- gira em torno dos, 22
- não assistem aos vídeos, 134
- ocupados, 28
- orientação
- - vídeos invertidos, 117
- pausem e rebobinem o professor, 29
- perguntas interessantes, 85
- responsabilidade, 64
- tempo, 122
- - e carga de trabalho, 88
- valor da aprendizagem, 75
Analyst (2.7 a), 85, 90
Analyst (2.7 b), 53, 56, 59, 69, 86
Annenberg Learner, 44
Anotações, 123
Aplicativos de *screencasting*, 45
Aprendizagem
- com base em projetos, 48
- como projeto (ACP), 69, 70
- invertida
- - argumento, 26
- no centro da sala de aula, 67
- para o domínio, 10, 51, 52, 54, 57
- - componentes, 57
Argumento
- para a aprendizagem invertida, 26
Arquivos de vídeo, 131
Atividades
- práticas mais pessoais, 77
- preparatórias
- - para experimentos em laboratório, 22
Áudio, 122

Aula(s)
- de ciências, 47
- de ciências/línguas/humanidades, 47
- de educação física, 48
- de línguas estrangeiras, 46
- de matemática, 47
- de química, 3
- gira em torno dos alunos, 22
- invertida
- - papel do professor numa, 21
- mais transparente, 37
- tempo de, 45
Ausência de professores, 38
Autodireção, 83
Avaliação(ões)
- A–F, 98, 99
- com base em padrões (ABP), 99
- formativa, 91, 93
- somativas, 94
- - logística das, 97

B

Blackboard, 58, 98

C

Câmeras de documentos, 127
Camtasia, 45, 125
Canal do Jonathan no YouTube, 44
Canvas, 58, 98
Centros de aprendizagem, 89
Ciências, 47
Ciências/línguas/humanidades, 47
Citizen (2.3b), 21
Coerência, 119
Collaborator (2.4.d), 37
Colegio Estudio, 35
College of the Mainland, 88
Compartilhamento da Inovação, 104
Compreensão do conteúdo, 69, 73
Conferência ISTE 2016, 105
Construção da interatividade, 117
Conteúdo criado pelos alunos, 49
Contiguidade temporal, 119
Continuidade espacial, 119
Coreia do Sul, pesquisadores na, 13
Crash Course History, 44
Criar seu próprio conteúdo, 115
Cultura vídeo/digital, 27
Curadoria de vídeo, 43

Índice Alfabético

D

D2L Brightspace, 96, 98
Demonstrações
- mais envolventes, 78
Desenho Universal para a Aprendizagem, 71, 72
Desert Horizon Elementary School, 7
Designer (2.4.a), 45
Designer (2.5.a), 6, 8, 11, 19, 31
Designer (2.5.c), 72
Dever de casa, 134
- vídeos, 42
Diferenciação, 33, 66
- do ensino, 66
Direitos autorais, 123
Disciplina em sala de aula, 34
Dispositivos 1:1, 6
Doceri, 126
Duração dos vídeos invertidos, 116
Dúvidas frequentes, 133

E

Edpuzzle, 58, 118
Educa
- os pais, 36
Educação física, 48
Educreations Interactive Whiteboard, 126
Edulastic, 98
Engajamento, 77
English Language Arts (ELA Teacher), 85
Ensino híbrido, 31
Esclareça o modelo aos pais, 83
Escola
- de Ensino Fundamental Ashhurst, 105
- Distrital Ferguson-Florissant, 109
Espaços de aprendizagem, 68
Estratégia 3-2-1, 118
Exame, 4, 5, 21, 22
Expansão da sala de aula invertida, 9
Experiências de laboratório, 20, 22
Explain Everything, 126
Explosão da sala de aula invertida, 12
Exposição a telas, 27

F

Facilitator (2.6.a), 65, 69
Feedback, 68
Felician University, 22
Ferramentas
- além do vídeo, 130
- de avaliação, 118
- - nos vídeos, 118
Filipinas
- estudo nas, 13
Formative, 98
Formulários Google, 53, 56, 91
Francis Howell School District, 19
Fraudar os exames, 95
Função de pausa, 30

G

Guia organizacional
- para objetivos e atividades, 60

H

Harvard Medical School, 12
Heath Chittenden, 105
Homer Central Schools, 21, 127
Hong Kong
- tese de, 13
Humor, 122

I

Imagem, 120, 122
Implementação, 106
InsertLearning, 130
Integridade, 95
Interação
- aluno-aluno, 32
- aluno-professor, 30
- face a face com o professor, 76
Interatividade, 117
Intervalo
- pré-trabalho e trabalho, 131
- - em sala de aula, 131
Inversão
- benefícios da, 20
- como conversamos com os pais, 35
Inversão da sala de aula, 6, 26
- ajuda alunos/estudantes
- - diferentes habilidades, 29
- - dificuldades, 28
- - ocupados, 28
- ausência de professores, 38
- disciplina em sala de aula, 34
- educa os pais, 36
- fala a língua dos estudantes, 26
- interação aluno-aluno, 32
- interação aluno-professor, 30
- interação aluno-professor, 32
- pausar o professor, 29
- programa reverso de aprendizagem
  para o domínio, 39
- razões inadequadas, 27
- reuniões com pais, 35
- texto, 130
- transparente, 37
- verdadeira diferenciação, 33
Iowa State Unversity, 12

K

Kennedy High School, 79

L

Lakota Local Schools, 8, 23, 53, 65, 91, 124
Leader (2.2.a), 127
Leader (2.2.b), 124

Índice Alfabético

Learning Method System, 91
Liberty Junior School, 53, 65, 91
Lições *on-line*, 4
Línguas estrangeiras, 46
Logística das avaliações somativas, 97

M

Matemática, 47
Material didático de qualidade, 116
Math TV, 44
Meios para a aprendizagem do conteúdo, 71
Métodos de expressão, 73
Mídias sociais, 26
Modalidade, 120
Modelo(s)
- de aprendizagem
- - centro da sala de aula, 67
- - domínio, 64
- - - atividades práticas, 77
- - - compreensão, 73
- - - demonstrações, 78
- - - diferenciação, 66
- - - engajamento, 77
- - - *feedback*, 68
- - - foco nos alunos, 79
- - - interação face a face, 76
- - - meios para a aprendizagem do conteúdo, 71
- - - recuperação, 70
- - - papel do professor, 74
- - - replicado, ampliado e personalizado, 75
- - - responsabilidade pela própria aprendizagem, 64
- - - valor da aprendizagem, 75
- de avaliação, 94
- de ensino híbrido, 31
- "sentar e receber", 86
- tradicional, 20
Molloy University, 31, 70, 86
Moodle, 58, 97, 98
Mote
- extensão do Google, 57
Mr. Wootube Channel, 44
Multimídia, 120

N

National Geographic Education, 44
Nearpod, 59

O

Oportunidades de recuperação, 70
Orientação
- aos alunos, 79
- - para assistirem aos vídeos invertidos, 117
Otsego High School, 77

P

Padrão ISTE em ação, 6

Pais
- adesão, 136
- cartas explicativas, 83
- educa, 36
- participantes e colaboradores, 37
- reuniões com, 35
- vídeo explicativo, 84
Pandemia da covid-19, 14, 37, 104, 108
Panopto, 118
Pausar e retroceder, 84
PBS Learning Media, 44
Perguntas, 123
- antes do vídeo, 129
- avaliação formativa, 93
- importância, 128
- interessantes, 85
- tipo de, 129
Personalização, 6, 7, 8, 120
- da educação, 6
Perusall, 58, 130
Picture-in-picture, 123
POGIL (*Process Oriented Guided Inquiry Learning*), 47
Port Allen Middle School, 7, 37, 59
PowerPoint, 45
Prayoga Institute of Education Research, 93
Primeiro dia, 82
Princípio(s)
- da coerência, 119
- da contiguidade espacial, 119
- da continuidade temporal, 119
- da imagem, 120
- da modalidade, 120
- da personalização, 120
- da redundância, 119
- da segmentação, 120
- da sinalização, 119
- da voz, 120
- do bom desenho digital, 119
- do treinamento prévio, 120
- multimídia, 120
Produção
- de material didático de qualidade, 116
Produzir
- vídeo invertido, 124
- vídeos didáticos de qualidade, 115
Professor
- controle, 56
- dominar o conteúdo, 55
- interação face a face, 76
- maneira não linear, 56
- papel, 21, 74
- pausar, 29
- pesquisar a resposta, 56
Programa(s)
- monitoramento (GoGuardian), 96
- reverso de aprendizagem para o domínio, 39
- *screencasting*, 45, 125

Sala de Aula Invertida **145**

Índice Alfabético

Projeto
- de Engenharia de Ecossistemas, 72
- Desenhe-Uma-Escola, 70
Prontidão da aprendizagem invertida, 83

Q

Quadro(s)
- branco interativo (QBI), 87
- de luz, 127
Questionários *on-line*, 31
Quia, 98
Quizzizz, 56

R

Realidade aumentada, 128
Recuperação, 70
Recursos de pausar e retroceder, 84
Reduz a papelada do professor, 68
Redundância, 119
Regional School District 13, 20
Responsabilidade pela própria aprendizagem, 64
Retroceder a aula, 29, 84
Rotina da sala de aula invertida, 18

S

Saint Mary's Hall, 98
Sala
- de aula "híbrida", 31
- de aula invertida, 1
- antecedentes, 3
- de aprendizagem para o domínio, 10
- estrutura, 18
- expansão, 9
- explosão, 12
- implementação, 41
- rotina da, 18
Schoology Learning, 58, 98
Scooltube, 44
Screencastify, 126
Screencasting, 125, 127
ScreenFlow, 126
ScreenPal, 125
Segmentação, 120
ShowMe, 126
Sinalização, 119
Sistema
- Cornell de Anotações, 18
- de avaliação adequado, 90
- de gestão de aprendizagem, 91

- escolar *Adams-50*, 99
Snagit, 125
South Knox High School, 38

T

Tailândia, pesquisadores na, 13
Teachertube, 44
Techsmith, 118
Tempo
- de aula, 45
- dos alunos, 122
- para produzir os vídeos, 137
- nas salas de aula tradicional e invertida, 20
Testes por computador, 95
Texto, 122
Touchcast, 126
Trabalhar com um parceiro, 121
Treinamento prévio, 120
Triton College, 46

U

Universal Design for Learning (UDL), 71, 72
Universidade Bartin, 83
University of Seville, 14

V

Valor da aprendizagem, 75
Vídeo(s), 41, 84
- curtos, 120
- de animação, 128
- de outros professores, 43
- dever de casa, 42
- didáticos, 84
- - de qualidade, 115
- duração, 116
- explicativo para pais, 84
- introdutório, 82
- orientação, 117
- produzindo seus próprios, 45
- simples, 124
- testemunhal, 82
Videoclipes, 123
Vidgrid, 118
Voz, 120, 121

W

Waterford Graded School District, 11, 34, 57
Woodland Park High School, 3